Jörg Helmrich

**Rettungsgasse**

Über den Autor

*Jörg Helmrich* ist Branddirektor und Abteilungsleiter für den Fachbereich Informations- und Kommunikationstechnik bei der Duisburger Berufsfeuerwehr. Er ist verheiratet mit Claudia und Vater von vier Kindern. In seiner Freizeit schreibt er leidenschaftlich gern Beiträge für seinen Blog (*helmrichs.blogspot.com*) und engagiert sich gemeinsam mit seiner Frau im Rahmen der internationalen Bewegung *Der 4te Musketier* für Männer-Charakterwochenenden (*der4temusketier.de*) und Spendenläufe gegen Armut und Menschenhandel (*muskathlon.com*).

Jörg Helmrich

# RETTUNGS GASSE

Von ausweglosen Situationen
und wundersamen Einsätzen.
Wahre Erlebnisse eines Feuerwehrmanns.

GerthMedien

*Ich widme dieses Buch allen Mitarbeiterinnen und Mitarbeitern der Feuerwehr Duisburg und unterscheide dabei nicht zwischen Berufs- oder ehrenamtlicher Feuerwehr. Wir sind eine Feuerwehr. Es war und ist mir stets eine Ehre, mit euch gemeinsam im Dienst der Bürger das Beste zu geben.*

# Inhalt

Denn wir wissen, dass Not uns lehrt durchzuhalten,
und wer gelernt hat durchzuhalten, ist bewährt,
und bewährt zu sein festigt die Hoffnung.
Und in unserer Hoffnung werden wir nicht enttäuscht.*

Römer 5,3–5

**Jeder Feuerwehreinsatz ist anders. Und doch gab es in den Jahren meines Dienstes zahlreiche Ähnlichkeiten, Lehren und Erfahrungen, die ich in den vielen unterschiedlichen Erlebnissen erkannt und für mich gefunden habe, um – so jedenfalls die Hoffnung – zukünftige Handlungs- und Entscheidungsprozesse anzupassen und zu verbessern. Ein Gedanke, den ich für mich persönlich so auch abgeleitet in der Bibel finde: Wer in einer Situation – und ist sie noch so dramatisch – durchgehalten hat, ist gefestigt für Zukünftiges. Ein Versprechen, das mir für meinen Dienst Zuversicht und Hoffnung schenkt.*

# Einleitung

Die Duisburger Feuerwehr zählt zu den größten Feuerwehren der Bundesrepublik Deutschland, sie befindet sich unter den Top 10. Als Teil des Direktionsdienstes dieser Feuerwehr weiß ich um die Professionalität meiner Kolleginnen und Kollegen, dass wir jeden Einsatz nicht nur irgendwie bewältigen, sondern erfolgreich zu Ende bringen. Dennoch ist die Anspannung – die Nervosität, der Respekt vor der Verantwortung, die Unruhe vor dem vielleicht Unlösbaren – eine verlässliche Begleiterin. Sie ist da, wenn ich morgens meine Dienstkleidung anziehe, den Pieper an den Gürtel stecke und damit weiß, dass ich die nächsten 24 Stunden keinen Schritt ohne dieses Ding unternehmen werde. Der Pieper und die Anspannung gehören dazu. Beim Essen, in Besprechungen, auf Autofahrten im Stadtgebiet, ja, sie leisten mir sogar auf der Toilette stets spürbare Gesellschaft. Schließlich weiß niemand, wann der nächste Alarm losgeht, also wann das nächste Unglück passiert oder eine große Not eintritt, die den Bürger veranlasst, „meine" Feuerwehr anzurufen.

In meiner Funktion als Direktionsdienst fahre ich mittlerweile nicht mehr bei allen möglichen Einsätzen raus, aber wenn bei mir der Pieper mit seinem markant durchdringenden Ton losgeht, weiß ich, dass eine größere Alarmsituation gegeben ist. In diesem Augenblick arbeite ich, reflexartig und einem Raketenstart gleich, gedanklich einen ganzen Fragenkatalog ab: Was ist passiert? Wo muss ich hin? Wie komme ich am schnellsten dorthin? Was wird meine Kollegen und mich dort erwarten? Welcher Situation werde ich begegnen? Bin ich den Herausforderungen gewachsen? – Das sind nur die ersten Gedanken. Es startet ein Handlungsmuster, das über Jahre antrainiert und immer wieder geübt wurde. Beinahe intuitiv erfolgen dann Handgriffe und Denkmuster, die jetzt schon den Einsatzerfolg beeinflussen. Positiv, wie negativ.

Seit 1994 bin ich Teil der Berufsfeuerwehr Duisburg. Mittlerweile gehören jede Menge Einsätze und Erlebnisse zu meinem Berufsleben. Nicht jede Situation endet nachher mit einer Schlagzeile in irgendeiner Tageszeitung oder mit einem O-Ton in den Nachrichten. Glücklicherweise ist das eher die Ausnahme. Doch selbst ohne die Presse werden in Zeiten von Smartphone, YouTube, Facebook und Co. Feuerwehreinsätze, Gefahrensituationen und Menschen in Not auf den Präsentierteller gebracht. Irgendwie scheint es da eine Art Wettstreit zu geben, die Jagd nach dem besten Bild, der erschütterndsten Aufnahme. Und: Wer zuerst postet, hat gewonnen. Das Ganze erweckt den Eindruck, vielen gehe es nur darum, eine möglichst spektakuläre Aufnahme zu machen, um diese sofort und für alle Zeiten ins Internet zu stellen, um so endlich auch mal selbst für Schlagzeilen zu sorgen. Das Interesse daran geht mittlerweile so weit, dass auf Autobahnen der Stau auf der Gegenfahrbahn manchmal länger wird als auf der Unfallspur. Warum? Weil Handy-Gaffer immer skrupelloser werden und in Schleichfahrt die Unfallstelle passieren, damit ihre Aufnahmen nicht so arg verwackeln. Es ist katastrophal, wie mittlerweile Menschen bei Unglücksfällen Grenzen der Würde, des Respekts und des Anstands überschreiten, um sich an dem Schrecken der Not anderer zu ergötzen. Kopfschüttelnd stehe ich da inmitten des Schauplatzes der Not oder Gefahr und widme mich mit meinen Kollegen den Menschen, die jetzt unsere ungeteilte Aufmerksamkeit brauchen.

Nicht jede Geschichte ist für Außenstehende spektakulär. Nicht jeder Einsatz bringt mich als Einsatzleiter aus der Ruhe. Aber man kann mit großer Gewissheit sagen, dass jede Person, die aus gutem Grund den Notruf 112 gewählt hat und sehnsüchtig auf das Eintreffen der helfenden und in diesem Augenblick als übermenschlich erscheinenden Einsatzkräfte wartet, eine Situation erlebt, in der Hilfe von außen erforderlich ist.

Mal ist es der alte Wäschetrockner, der seine Aufgabe im Keller etwas zu genau nimmt und die Wäsche nicht nur trocknet, sondern in Brand setzt und beinahe pulverisiert. Ein anderes Mal sind es die Filetspitzen, die man nur „mal eben“ auf kleiner Flamme auf dem Herd zurückgelassen hat, um währenddessen noch rasch fehlende Zutaten aus dem Supermarkt gegenüber zu holen. Die Filetspitzen wissen aber nicht, wann sie durch sind. Und der Herd weiß es auch nicht. Irgendwann ist das Fleisch dann einigermaßen „kross“ und wenig später auch die Küche. Der entstandene Schaden ist immens. Rauch und Dreck ziehen bei solch einem Küchenbrand bis in die kleinste Ritze. In alle Zimmer, Schubladen und Schränke. Und ist der Mieter selbst nicht zu Hause, müssen wir leider auch noch die Tür öffnen – mit Werkzeug, bei dem jedem Schlüsseldienst das Herz stehen bleibt.

Wohnungsbrände dieser Art sind für Außenstehende durch ein Großaufgebot an Feuerwehrfahrzeugen erkennbar. Sind wir anschließend wieder abgerückt, ist bei allen Schaulustigen die Aufregung vergangen. Dagegen beginnt beim betroffenen Wohnungs- oder Hauseigentümer, Mieter oder Nachbar jetzt erst die Arbeit: das Aufräumen, Renovieren und vor allen Dingen das emotionale Verarbeiten der Erlebnisse, die sicher noch Jahre später ausführlich erzählt werden.

Glücklich schätzen dürfen sich die Menschen, die in einer Notsituation keinen gesundheitlichen Schaden erleiden. Um genau dieses Ziel zu erreichen, rücken wir als Feuerwehr aus. Für uns hat die Menschenrettung oberste Priorität. Nichts ist wichtiger, eiliger und bedeutender, als verunfallte Personen zu retten, von Feuer eingeschlossene Menschen zu befreien und nach vermissten Personen zu suchen. Hierfür setzen Feuerwehrleute viel aufs Spiel. Nicht leichtsinnig, sondern professionell. Diese Form der „Dienstleistung" ist unser Ding. Wir kommen, arbeiten und verschwinden wieder, sobald die Lage stabilisiert und den Notleidenden geholfen wurde.

Als Einsatzleiter stehe ich während meines 24-Stunden-Dienstes dabei stets latent „unter Strom". Und manchmal, das gebe ich offen zu, gibt es da Situationen, die mir über den Kopf zu wachsen drohen. Doch genau dann öffnet sich vor mir eine Art „Rettungsgasse". Denn bei aller Anspannung, sei es beim Quittieren der Alarmmeldung am Pieper, beim Start des Motors oder während des Einsatzes selber, hilft es mir, mich an meine christliche Grundüberzeugung und an die Anwesenheit Gottes zu erinnern. Ich beginne dann einen Dialog mit Jesus Christus, also demjenigen, den ich als junger Mann in einer ziemlich heruntergewirtschafteten Lebenssituation kennengelernt habe, dem ich seitdem vollstes Vertrauen schenke und von dem ich weiß, dass er mich absolut ernst nimmt. Das geschieht nicht auf Knopfdruck, sondern indem ich mit ihm ins Gespräch finde.

*„Jesus – wir müssen reden."* So oder ähnlich beginne ich die Gebete, die ein absolut wichtiger Teil, ein unverzichtbares Fundament, für mein Leben sind. Natürlich weiß ich, dass das nicht für jeden sofort nachvollziehbar klingt, doch aus mehr als 25-jähriger Erfahrung kann ich nur empfehlen, als Mensch das Gespräch mit Gott zu suchen und zu pflegen.

In den nun folgenden zwanzig geschilderten Erlebnissen, die ich während meiner Dienstjahre gemacht habe, geht es um Rettung, Hilfe und Nächstenliebe. Um scheinbar ausweglose Situationen, teils wundersam verlaufende Einsätze, in denen sich „Rettungsgassen" eröffnet haben. Aber auch um Gedanken, die mir nachgegangen sind. Vor allem, wenn ein Einsatz nicht erfolgreich beendet oder

Schlimmeres verhindert werden konnte. Sie werden aber auch von Kuriosem erfahren, das wir Feuerwehrleute erleben. Dabei schreibe ich auch immer wieder kurz und hoffentlich für Sie als Leser nicht zu aufdringlich über meinen Glauben an Jesus Christus, der auf seine besondere Art und Weise mich persönlich gerettet hat. Eine Rettung, die deutlich nachhaltiger ist, als ich sie in meiner Eigenschaft als Feuerwehrmann je bieten kann, denn es geht um das Leben bei Gott selbst.

Ich habe mich bemüht, die beschriebenen Personen und Sachverhalte so anonym und zugleich so authentisch wie möglich zu beschreiben. Natürlich sind die Schilderungen über Großeinsätze wie das Unglück bei der Loveparade in Duisburg oder der Brand unserer Hauptwache hervorstechende Ereignisse, doch andere Berichte haben nie den Weg in die lokale Presse gefunden. Dieses Buch möchte also neben sehr emotionalen Erlebnissen auch andere Geschichten – die, über die man den Kopf schüttelt – nacherzählen und Ihnen als Leser griffig und erlebbar machen. Sie gehören zu unserem Leben dazu. Mit allen Schilderungen verbinde ich ganz persönliche Sichtweisen auf das Leben, die (so hoffe ich) vielleicht auch Ihnen einen Weg eröffnen, wo manches festgefahren scheint. Zugleich möchte ich Sie ermutigen, auf Gottes Hilfe und Rettung aus einer für Sie ausweglos erscheinenden Lebenssituation zu vertrauen. Dem Leitspruch *„Gott zur Ehr', dem Nächsten zur Wehr"* gilt dabei besondere Wertschätzung.

# 1.
# Gestrandet auf dem Autobahnkreuz

Einsätze beginnen für gewöhnlich mit einer lautstarken und gut sichtbaren Alarmierung. Auf allen Feuerwachen, in allen Büros und Räumlichkeiten sind dazu Lautsprecher montiert, die von der Leitstelle bedient werden können. Mit den Jahren entwickelt man als Feuerwehrmann eine Art Instinkt, wann der nächste Alarm ertönt, jedenfalls bildet man sich das ein. Auf mancher Feuerwache knackt auch etwa ein oder zwei Sekunden vor dem Alarm der Lautsprecher. Ein kaum hörbares, aber dennoch wahrnehmbares Knacken. Dann folgt die Durchsage der Leitstelle, die nicht nur den Anlass und den Einsatzort bekannt gibt, sondern auch die nötigen Informationen mitteilt, wer losfahren soll. Allerdings plärrt manche Durchsage so schrecklich aus den Lautsprechern, dass man gelegentlich Mühe hat, sie zu verstehen. Vor allem, weil fast parallel dazu ein unüberhörbarer Gong erklingt und – äußerst praktisch des Nachts – zugleich das Licht in den Räumen und Fluren eingeschaltet wird. Jetzt wird jedem klar, dass ein Einsatz bevorsteht. Dann heißt es ab zum Fahrzeug. Schutzkleidung in Form von Überhose, Stiefel, Jacke und Helm an. Einsteigen. Blaulicht und Martinshorn einschalten. Und ab geht die Feuerwehr.

Doch es gibt auch die Einsätze, die sich schon vorher irgendwie ankündigen, und zwar lange vor der eigentlichen Alarmierung. So auch jener, der in Form einer Rauchsäule, die eines heißen Sommertages vom Bürofenster meines Kollegen aus deutlich über dem Autobahnkreuz Duisburg-Kaiserberg zu sehen war.

„Deine Baustelle!", war seine schlichte Reaktion, denn an diesem Tag war ich Einsatzleiter für die Nordhälfte des Stadtgebietes. Und dieser Bereich schloss das Autobahnkreuz, das die viel befahrene A3 (Oberhausen – Frankfurt) mit dem „Ruhrschnellweg" (A40) verbindet, mit ein.

„Abwarten", dachte ich einen Moment lang. Doch dieser Gedanke hatte mein Hirn noch nicht ganz überwunden, da ging mein Pieper los und die Durchsage und der Gong der Leitstelle übertönten die emsige Büroatmosphäre. Der gerade frisch eingeschüttete heiße Kaffee musste nun in meinem Büro ohne mich klarkommen. Nur wenige Augenblicke später saß ich im Fahrzeug und verließ das Gelände der Feuerwache schnell und zielsicher Richtung Autobahn.

Autobahnkreuze haben als Einsatzort so ihre Tücke. Auf welcher Fahrspur befindet sich die Gefahrensituation? Und in welcher Richtung? Die Person, die den Unfall meldet, muss genau wissen, wo sie sich im Autobahnkreuz befindet. Und diese Information muss sie anschließend am Telefon über den Notruf sachlich, schnell und möglichst fehlerfrei übermitteln. Wenn dann der Kollege in der Leitstelle noch nachfragen muss, weil sich die Stimme des Anrufers vor Aufregung überschlagen hat, wird das Ganze noch schwieriger. Daher sind solche Einsatzstellen nicht immer leicht zu finden. Von der Autobahn aus das letzte Stück auf Sicht zu fahren, ist leider, selbst wenn man die Rauchsäule sieht, keine Option. Schließlich heißt das Autobahnkreuz Kaiserberg im Volksmund nicht umsonst „Spaghettiknoten". Zwar findet man sich als ortskundiger Feuerwehrmann eigentlich ganz gut zurecht. Wie gesagt: eigentlich. Denn letzten Endes ist man angewiesen auf die Beschreibung des Anrufers, einer vielleicht ortsfremden Person, die dieses Gewirr an Fahrspuren, Ebenen, Auf- und Abfahrten nicht so einfach zu durchschauen vermag.

Was war nun passiert? Die Meldung, die wir auf der Wache bekommen hatten, lautete: schlicht: Pkw-Brand. Oder etwas ausformulierter: Ein Wohnmobil war in Brand geraten.

Die Anfahrt auf der Autobahn gestaltete sich für uns kompliziert. Alle drei Fahrspuren waren dicht. Keine Rettungsgasse. Kein

Durchkommen. Wir kamen nur im Schritttempo voran. Natürlich mit eingeschaltetem Martinshorn. Dass diese Warnanlage außerhalb der Fahrzeuge, auf den Straßen, schön laut ist, damit wir während einer Einsatzfahrt gehört und besser wahrgenommen werden, ist prima. So schaffen andere Verkehrsteilnehmer schnell Platz, damit wir weitgehend ungehindert durchkommen. In einem Stau auf der Autobahn nutzt das ohrenbetäubende Getöse dagegen aber recht wenig. Es ausschalten kann man jedoch auch nicht. Also rollen wir laut dröhnend in Schrittgeschwindigkeit dem Unfallort weiter entgegen. Mittendrin trifft dann noch der ein oder andere Hinweis über Funk ein, der kaum zu verstehen ist – eben weil das Martinshorn auch den Innenraum ordentlich beschallt.

Die Geräuschkulisse belastet nicht nur das Gehör, sondern auch das Nervenkostüm. Jedenfalls meins. Doch am nervigsten an der ganzen Situation ist, dass man zwar schon von Weitem sehen kann, wo die Einsatzstelle ist, da die Rauchsäule kerzengerade nach oben abzieht, man aber nur wie eine Schnecke vorankommt, weil die Autobahn komplett dicht ist. Wären die Autofahrer nicht so nah aufgefahren, sondern hätten ausreichend Abstand zu ihrem jeweils vorausfahrenden Fahrzeug gehalten, könnte jetzt jeder ganz bequem nach links oder rechts ausweichen und die dringend benötigte Rettungsgasse bilden. Haben sie aber nicht! Stoßstange an Stoßstange ist der Tod jeder Rettungsgasse. Immer.

Es schmerzt jeden Feuerwehrmann, den Einsatzort bereits vor sich zu sehen und wichtige Sekunden oder gar Minuten zu verlieren, weil der Verkehr stockt. Aussteigen und losrennen ist da auch keine Option, obwohl es mittlerweile auch Berichte gibt, wie Kollegen sich ein Herz gefasst haben und in voller Montur Hunderte Meter, in einigen Fällen sogar Kilometer, zum Unfallgeschehen gespurtet sind.[1]

Endlich sind wir angekommen. Am Statusgeber im Fahrzeug drücke ich die „4". Damit weiß die Leitstelle, ohne dass ich funken muss, dass ich an der Einsatzstelle eingetroffen bin. Ein System, das vor Jahrzehnten eingeführt wurde und bestens funktioniert.

Hinter der Leitplanke sehe ich zwei Erwachsene stehen, einen Mann und eine Frau. Die Frau hält ein Baby auf dem Arm. Vor ihnen qualmt nur noch eine Rauchsäule, die in der Zwischenzeit deutlich kleiner geworden ist. Kein Wunder, denn das Wohnmobil ist nun weitgehend abgebrannt und fast ganz verschwunden. Ich übertreibe nicht. Vorhanden war nur noch das Fahrgestell inklusive Felgen und den Fragmenten zweier Nummernschilder, von denen eins sich in den Asphalt fest eingebrannt hatte.

Die dreiköpfige Familie stand da und war völlig erschüttert. Sie hatte tatenlos mitansehen müssen, wie ihr Wohnmobil in Flammen aufging. Wir löschten den Rest des Fahrzeugs schnell ab. Anschließend ließ ich über den anwesenden, aber etwas überfordert wirkenden Polizisten einen Abschleppdienst bestellen. Der Schrott musste ja irgendwie weg, runter vom Autobahnkreuz.

Der Fahrer und Besitzer des einstigen Wohnmobils erklärte mir noch, dass er erst vor ein paar Stunden das Fahrzeug vom TÜV abgeholt habe und alles in Ordnung gewesen sei. Ich drückte halb interessiert mein Erstaunen darüber aus und dachte zugleich: *Tja, der TÜV nützt jetzt leider auch nix mehr!* Mehr wusste ich aber nicht dazu zu sagen.

Die Ursache dafür, warum das Wohnmobil in Brand geraten war, blieb uns unklar. Warum etwas in Brand gerät, interessiert uns als

Feuerwehr selten. Hierfür gibt es bei der Kriminalpolizei Profis, die kommen, nachdem wir fertig sind. Unsere Aufgabe ist das Retten, Löschen, Bergen und Schützen – nicht das Ermitteln.

Während der Löscharbeiten stand die kleine Familie sichtlich schockiert und fast regungslos in sicherem Abstand zum Wrack hinter der Leitplanke und sah uns zu. Für eine Feuerwehr ist solch ein Kraftfahrzeugbrand nichts Besonderes. Wir rücken aus, löschen das Fahrzeug, kehren rasch das eine oder andere zusammen, streuen eventuell noch etwas Öl ab, geben anschließend der Polizei Bescheid und verabschieden uns wieder. Business as usual. Nichts wirklich Aufregendes.

Im Grunde hätte auch dieser Einsatz so verlaufen können. Ich selbst war sowieso nur deswegen dabei, weil es sich um eine Einsatzstelle auf der Autobahn handelte und es dadurch eventuell einen größeren Koordinierungsbedarf mit der Polizei hätte geben können. Doch den gab es nicht … jedenfalls so lange nicht, bis mir klar wurde, dass wir nicht einfach wieder einrücken konnten, wie wir es normalerweise tun. Wir standen immerhin mitten im Autobahnkreuz Kaiserberg. Überall um uns herum waren Fahrspuren, in jede Himmelsrichtung. Und hinter der Leitplanke stand immer noch mitten in der prallen Sommersonne eine dreiköpfige Familie: Vater, Mutter und ein Baby, die soeben ihren fahrbaren Untersatz und damit vermutlich eine ganz Menge persönlicher Sachen verloren hatten.

„Können Sie die drei mitnehmen?“, fragte ich den Polizisten. Seine Stirn legte sich in Falten, und zwar so, als ob ich eine komplizierte Rechenaufgabe oder geradezu unmögliche Frage gestellt hätte.

„Also, ich meine die Familie mit dem Baby. Die drei kommen ja wohl kaum von hier weg! “, ergänzte ich.

Der Polizist brauchte noch einen Moment.

Daraufhin machte ich den dritten Anlauf, diesmal etwas ernster und mit dem Nachdruck eines Einsatzleiters, der sich jetzt endlich Gehör verschaffen wollte.

„Sie fahren einen Pkw, haben drei Plätze frei. Also, wie wär es, wenn sie die drei jetzt mitnehmen?"

„Nein!", antwortete der Polizist. Es ginge einfach nicht. Seine Antwort irritierte mich sehr; sie rauschte bei mir von einem Ohr zum anderen und verließ sogleich wieder meinen Kopf. Jetzt lag meine Stirn in Falten. Aber so was von! Normalerweise bin ich jemand, der in einer solchen Situation erst einmal tief Luft holt. Entweder um anschließend aufgebracht und einigermaßen ungehalten davonzulaufen oder um meinem Gegenüber recht unmissverständlich meinen Standpunkt deutlich zu machen. Ich entschied mich für den Mittelweg: Luft holen, keine weitere Diskussion, weggehen und nach einer eigenen Lösung suchen.

Als Feuerwehrmann muss man manchmal erfinderisch sein. Wir leben stets nach dem Prinzip: Problem erfasst, Lösung wird gesucht, gefunden und rasch umgesetzt.

Der Vater hinter der Leitplanke schaute zu mir und ich sah in seinem Gesicht ein gewisses Maß an Hilflosigkeit. Kaum verwunderlich. Er hatte mein Gespräch mit dem Polizisten beobachtet, aber wegen der lauten Nebengeräusche hier an der Autobahn nicht mitbekommen. Ich versuchte erst gar nicht, mir vorzustellen, wie ich es an seiner Stelle empfinden würde, wären meine Frau, unser Kleinkind und ich in dieser Situation.

Der Einsatz war für uns als Feuerwehr nun weitgehend abgeschlossen. Die lange Autoschlange, die sich hinter uns gebildet hatte, passierte nun allmählich die Unfallstelle. Und manch neugieriger Blick versuchte bei Tempo 10 km/h Details an der Unfallstelle zu erspähen. Eigentlich wartete nur noch jeder meiner Kollegen auf mein Signal, dass wir wieder einrücken, zurück zur Feuerwache fahren, raus aus den dicken Klamotten und eine kalte Flasche Wasser trinken könnten. Also beriet ich mich kurz mit meinen Kollegen und fragte sie dann, ob sie für die Familie etwas enger im Löschfahrzeug zusammenrücken könnten. Das „Gruppenkuscheln" war sofort beschlossen.

Die Sache war klar: Wir nehmen diese zweieinhalb Personen mit.

Irgendwie.

Schließlich ist auch das eine Form der Menschenrettung.

Und ihr weniges Hab und Gut, das noch am Straßenrand stand, verstauten wir in irgendwelchen Ecken und Schubfächern unserer Fahrzeuge. Der Vater stieg dann ins große Löschfahrzeug und die Mutter kam mit dem Säugling zu mir in den Einsatzleitwagen, damals so ein SUV, der von außen groß, von innen aber sehr klein war. Meine Passagiere nahmen Platz auf der Rücksitzbank.

Das Ganze war eine wirklich komische Situation. Der Leitstelle erklärte ich über Funk, dass wir zwar einrücken, aber nicht wieder einsatzbereit für den nächsten Einsatz wären – ohne weitere Angabe von Gründen.

Während der Rückfahrt gab der Säugling eine Kostprobe seines Geschreis. Ohrenbetäubend beschreibt es wohl am besten. Und ich dachte kurz zurück an das lange Getöse auf der Hinfahrt. In einem Wettbewerb gegen die Lautstärke eines Martinhorns hätte der Kleine wohl gewonnen. Sehr beeindruckend, wie ich finde. Die Mutter sprach zu allem Überfluss kein Wort Deutsch und das Kind sowieso nicht.

Als Vater kennt man vielleicht solche Situationen: Das eigene Kind weint und sofort geht die Analyse los, was denn wohl der Grund dafür sein und wie man das Weinen am schnellsten und nachhaltigsten besänftigen könnte. Und das aus zwei guten Gründen: Zum einen möchte man dem Kind das Problem nehmen, zum anderen möchte man seine Ruhe haben. Die Reihenfolge ist dabei austauschbar.

Für mich bekommt manchmal eine bestimmte Bibelstelle eine ungeahnte Griffigkeit. Und ich stelle fest: Es sind die kleinen Dinge des Lebens, die vielleicht sogar unscheinbaren Momente, die sich lohnen, im Licht der Bibel betrachtet und durchdacht zu werden. Insofern bedeutet für mich der christliche Glaube nicht das Abarbeiten eines Regelwerkes oder der Versuch dem äußeren Schein nach ein lieber Mensch zu sein. Jeder, der mich kennt, wird das (leider) bestätigen können. Mir ist wichtig, dass die tägliche Praxis, die Lebensschule, durch die wir alle irgendwie durchmüssen, wenn auch nicht durchwollen, mit Vertrauen auf Gott in ein geniales Mischungsverhältnis gerät, sodass Gott selbst erfahrbar wird. Und ich möchte gerne zeigen, dass Theorie und Praxis in punkto Christsein nicht zwei unterschiedliche Dinge, sondern deckungsgleich zu leben sind. Zeitlich, inhaltlich und emotional. Zugegeben: Bisweilen diene auch ich nur als schlechtes Beispiel und verdecke diese Frömmigkeit durch mein viel zu großes Ego. Aber: Ich lerne noch.

Und manchmal sind es eben Kinder, die den Blick für das große Ganze öffnen und es praxistauglich machen. Nicht unbedingt die eigenen, sondern die, die man an der Einsatzstelle trifft und darüber einen kurzen und intensiven Impuls erhält.

In diesem Fall schrie das Kind ohne Unterlass, weil es Durst hatte. Das Gefühl kannte ich sehr gut, ging es mir doch nach diesem Einsatz in sengender Hitze nicht sehr viel anders. Also reichte ich der Mutter eine große Flasche Sprudelwasser. Mit beeindruckendem Geschick verabreichte sie dem Kind das köstliche Wasser und gab ihm damit genau die Erfrischung, die es so nötig hatte. Als ich das mitbekam, bis hin zum fröhlichen Glucksen eines trinkenden Säuglings, der dabei mehr Wasser über seinen ohnehin schon durchgeschwitzten Body bekam als in den Rachen, wurde mir wieder einmal deutlich, dass es mit uns „Großen" doch eigentlich genau so ist:

Wir schreien in unserem Leben herum, sind vielleicht angesichts ausweglos erscheinender Lebenssituationen komplett durchgeschwitzt und saugen schließlich durstig das Wasser des Lebens in Form von Trost, Auferbauung und Hoffnung auf. Dabei handelt es sich nicht um ein Wasser aus natürlicher Substanz, sondern um Worte aus der Bibel, die – ob wir es uns je eingestanden hätten oder nicht – eine Macht und eine Wirkung auf uns haben, nach der wir so lange sehnsüchtig laut schreiend gesucht haben. *„Wer da will, nehme das Wasser des Lebens umsonst!"* (Offenbarung 22,17). Wir glucksen zwar etwas leiser, aber der Vorgang als solcher ist durchaus vergleichbar.

Die Rückfahrt dauerte nur ein paar Minuten. Wir luden die Familie bei der erstbesten Autovermietung ab und hatten ein sehr zufriedenes Gefühl. Wenngleich das Wohnmobil buchstäblich in Rauch aufgegangen war, so konnten wir doch mit sehr geringem Aufwand einer Familie wenigstens ein bisschen helfen.

Eine Feuerwehr ist kein medienaffines Unternehmen, das ausschließlich große Heldentaten vollbringt. Zugegeben, diese bestreiten wir auch, aber uns geht es mehr um das tägliche Einerlei, um die kleinen Handreichungen und Hilfestellungen, die jeder Mensch in einer Ausnahmesituation dringend benötigt. Und da kann selbst ein Glas Wasser eine große Hilfe sein, wenn es darum geht, den inneren Brand zu löschen und damit der Feuerwehr eine völlig neue Bedeutung zu geben. Löschen – eben auch den Durst eines Säuglings.

# 2.
# Meine erste Leiche

Mein Weg zur Feuerwehr glich einem Sprung ins kalte Wasser. Noch während meines Elektrotechnikstudiums an der Uni Duisburg erfuhr ich von meiner Frau, dass „wir" schwanger sind. Eine Neuigkeit, die mir damals ein bombastisches Gefühlschaos aus Angst und Vorfreude bescherte. Vater werden – ein Status quo ante, der sich natürlich toll anhört, aber angesichts des eigenen Studentendaseins mit fast null Einkommen und einer plötzlichen Versorgerrolle ziemlich rasch jegliche Vorfreude verliert. Mir blieben also nur noch neun Monate Zeit, um mein Studium erfolgreich zu beenden und einen möglichst gut dotierten Arbeitsplatz zu finden. Anfang der 1990er-Jahre ein durchaus sportliches Ziel, wenn man bedenkt, dass mich zu diesem Zeitpunkt weder ein Gedanke an eine mögliche „Wir bekommen ein Kind"-Botschaft noch einer ans Studienende beschäftigte. Zu studieren bedeutete damals in erster Linie: Lernen bis zum Umfallen, und zwar verbunden mit dem schönen Aspekt freier Zeiteinteilung. Manchmal schlug dabei die Waagschale eher zum Letzterem aus – je nach Wetter und Stimmung zwischen den Studierenden.

Nicht neun, sondern 18 Monate später hatte ich tatsächlich das Diplom in der Tasche und einen Ausbildungsplatz bei der Feuerwehr Duisburg. Für den gehobenen Dienst, wie es früher hieß. Allerdings hatte ich praktisch keine Ahnung, auf was genau ich mich da eingelassen hatte. Mit dem Begriff Feuerwehr verband ich damals nur die Telefonnummer 112 und rote Autos. Das war auch schon alles. Insofern versuchte ich meine Unkenntnis bei dem Vorstellungsgespräch weitgehend zu verbergen. Vergebens. Mein mutiger Versuch, gegen Ende des Gesprächs durch eine Frage Interesse zu zeigen, endete mit der Quittung: „Das bringen wir Ihnen schon alles bei!" *Natürlich. Klar. Das dachte ich mir schon.* Ich war sehr unsicher, ob ausgerechnet ich derjenige unter den vielen Bewerbern sein sollte, der diesen Platz bekommt. Eine Woche später erhielt ich die vorläufige Absage. Ich stand auf der Warteliste. Es gab mindestens einen Mitbewerber, dem man diesen Beruf eher zutraute als mir. Ich hatte Verständnis dafür.

Wieder eine Woche später erhielt ich dann einen Anruf vom Personalamt – die Zusage. Jedenfalls sofern die Ärzte bei den üblichen gesundheitlichen Einstellungsuntersuchungen keinen Stress machen würden. Machten sie aber. Meine Augen waren nicht in Ordnung. Das waren sie noch nie. Bereits für den Führerschein benötigte ich ein Gutachten. Und nun war erneut eines vonnöten. Alles hing nun davon ab. Und es begann eine Zeit des Wartens mit Gebet, Hoffen, Bangen und noch mal Gebet. Nach ein paar Tagen war es dann amtlich: Jörg Helmrich ist Auszubildender im gehobenen Dienst als Brandoberinspektoranwärter. Was für ein Wort! Kann man ja kaum aussprechen, dachte ich damals, geschweige denn fehlerfrei aufsagen. Trotzdem: Ich war sehr dankbar!

Die Ausbildung dauerte knapp zwei Jahre und war aufgeteilt in zahlreiche Ausbildungsabschnitte irgendwo in Deutschland, inklusive etlicher Unterbringungen in Mehrbettzimmern sowie einer Unmenge an Lernstoff und Prüfungen. Für mich war es eine extrem spannende und lehrreiche Zeit. Glücklicherweise überstand ich sie weitgehend verletzungsfrei. Und dank unzähliger günstiger öffentlicher Nahverkehrsverbindungen sowie mittels beeindruckend hoher Telefonrechnungen (Handys gab es ja damals noch nicht), schafften wir es auch als junge dreiköpfige Familie, meinen Einstieg in die Feuerwehr zu stemmen.

Schon in der Ausbildung ist es üblich, Einsätze zu begleiten, denn nichts, absolut nichts ist wertvoller als Berufs- und Einsatzerfahrung. Logisch! Kein Lehrbuch dieser Welt kann praktisches Wissen vermitteln. Erst recht nicht, wenn jede Einsatzsituation anders ist und man nie hundertprozentig weiß, was genau einen erwartet.

Eine Zeit lang verbarg ich mein Christsein vor meinen Kollegen. Rückblickend war das ein Fehler. Denn es gibt nichts Wichtigeres, als authentisch zu leben und sich zu den Werten zu bekennen, für die das eigene Herz brennt. Diese Lektion lernte ich erst viel später.

Als mir dann aber in der Ausbildung der Leitspruch der Feuerwehren *Gott zur Ehr', dem Nächsten zur Wehr* sehr wichtig wurde, wagte ich mich mit meinem Glauben an Gott mehr und mehr aus der Deckung. Insbesondere weil ich hier und da davon zu berichten wusste, wie ich Ereignisse, die sprichwörtlich unter die Haut gehen, durch das Gebet mit Gott besser verarbeiten konnte, während andere sich mit der emotionalen Aufarbeitung eines zurückliegenden Einsatzes oft schwertaten. Spätestens wenn das Thema Tod aufkam, kam ich ins Gespräch über meinen Umgang damit. Dann erzählte ich ganz offen davon, wie Jesus mir dabei persönlich und ganz praktisch half, ohne mein Gegenüber zu sehr mit überfrommen Redewendungen zu traktieren.

Nach ungefähr der Hälfte der Ausbildungszeit war ich endlich mal wieder für einen Ausbildungsabschnitt zu Hause, also bei „meiner" Feuerwehr in Duisburg auf der damals alten Feuerwache 1. Ich mochte den Altbau mit seinen engen Gängen und Treppen – vor allem wegen der Rutschstangen. Jeder, der das draufhat, schmeißt sich, wenn der Alarm losgeht, an die Stange und rutscht ratzfatz nach unten in die Fahrzeughalle … und kommt dort hoffentlich heile an.

Bei der Feuerwehr ist es keine Frage, *ob*, sondern nur *wann* der erste Alarm des Tages ertönt. *Dachstuhlbrand* lautete das Einsatzstichwort. Irgendwo in einem anderen Stadtteil. Unten in der Fahrzeughalle angekommen wurde ich als Auszubildender irgendeinem Fahrzeug zugewiesen. Dort, wo nicht nur ein Sitz frei ist, sondern wo ich auch niemand anderem einen wichtigen Platz wegnehme. Schließlich hatte ich ja noch nicht viel Wissen angehäuft und stand deswegen oft beobachtend, aber weitgehend ahnungslos an der Einsatzstelle herum. Daher galt für mich überall: Wenn schon herumstehen, dann möglichst nicht im Weg!

Auf der Fahrt zur besagten Einsatzstelle hörte ich den Funk mit und versuchte mir als Neuling ein Bild des Ganzen vor Augen zu malen, um daraus die ersten Schlüsse zu ziehen. Schließlich würde es eines Tages zu meinen Aufgaben gehören, einen solchen Dachstuhlbrandeinsatz zu koordinieren.

Ein Dachstuhlbrand ist nicht gut. Das versteht sich praktisch von selbst und doch muss man einen solchen Brand erst mal gesehen haben, um zu verstehen, welche verheerenden Folgen ein solches Feuer haben kann. Nicht nur das Dach eines Gebäudes wird unbrauchbar, weil es ganz oder teilweise verbrennt, sondern auch die darunterliegenden Etagen werden durch das Unglück arg in Mitleidenschaft gezogen. Das Löschwasser sucht sich seinen Weg, egal welchen. Darauf haben wir wirklich keinen Einfluss. Fest steht nur: immer von oben nach unten. Zudem besteht bei geschlossener Bauweise, also wenn die Häuser dicht an dicht gebaut sind, stets die Gefahr, dass sich ein solches Feuer rasch auf die Nachbarhäuser ausbreitet. Es liegt auf der Hand, dass so etwas zu verhindern ist. Folglich sind die ersten Maßnahmen: die Kontrolle des Hauses (vorne und hinten), eine sehr schnelle Wasserversorgung und ein möglichst rasches und sicheres Aufstellen der Drehleitern. Kurzum: Jede Hand wird gebraucht, um die Sicherheit der Bewohner und die der eigenen Kollegen zu jeder Zeit zu gewährleisten. So etwas geht nie ohne rege, fast hektische Betriebsamkeit, gemischt mit professionellem Handling.

Nach dem Abschluss der Löschmaßnahmen machte sich der damalige Einsatzleiter bereit, die Reste des Dachgeschosses persönlich in Augenschein zu nehmen. Als er mich dann am Ärmel zupfte, gab er mir zu verstehen, dass ich ihn begleiten sollte. Da es trotz des Ablöschens noch immer an sehr vielen Stellen qualmte, legten wir uns unsere Lebensversicherung in Form des Atemschutzgerätes an. Mit Atemschutzmaske und ausreichend viel Atemluftvorrat für die nächsten 30 Minuten auf dem Rücken machten wir uns auf den Weg durch das Treppenhaus bis ganz nach oben.

Dort angekommen blickte ich über die völlig verkohlten Überreste des Dachstuhls. Das Dach glich einem Cabrio. Ich sah die unzähligen Dachziegel, die ganz oder zerbrochen auf dem Fußboden und auf dem Fußweg vor dem Haus lagen. Aber ich muss zugeben, das war nicht das, wonach ich wirklich Ausschau hielt oder was mich besonders beeindruckte. Denn wie so ein völlig verbrannter Dachstuhl aussieht, hätte ich mir trotz meiner kurzen Zeit bei der Feuerwehr auch genauso vorgestellt. Mein Interesse galt vielmehr der Leiche.

Wir hatten die Information, dass ein Mann sich in dem Dachstuhl aufgehalten haben sollte. Dass dieser dann bei dem Feuer ums Leben kam, hatten die Kollegen bereits bestätigt. Der Tod eines Menschen ist rasch gemeldet beziehungsweise hier jetzt schnell niedergeschrieben. Doch was das genau bedeutet, ist vielen nicht klar. Jegliche Meldung über einen toten Menschen bedeutet, dass ein Leben sein Ende gefunden hat. Ob nun verunfallt, willentlich oder weil es an der Zeit war. Fakt ist, einen Menschen mit all seinen Erfahrungen und Beziehungen, seiner Prägung, seinen Werten, seinem ganzen Sein gibt es nicht mehr. Dieses Wissen über den Tod einer fremden oder nahestehenden Person ist das eine. Der Anblick einer Brandleiche, eines Menschen, der bei lebendigem Leibe qualvoll oder des Nachts im Schlaf durch einen Brand oder eine Rauchvergiftung ums Leben gekommen ist, ist das andere.

Mehrere Kollegen waren immer noch dabei, vereinzelte Glutnester zu löschen. Einer von ihnen winkte uns heran, um mit uns zu reden. Sich mit Atemschutzmasken vor dem Gesicht zu unterhalten, ist nicht ganz einfach. Man muss schon ordentlich laut und deutlich in die Maske sprechen, damit ein Gegenüber – in diesem Fall waren es gleich zwei, mein Kollege und ich – den Hinweis, den der Kollege uns geben wollte, versteht. Um seine Worte zu verdeutlichen, wies er mit seiner Hand auf eine Stelle, nur ein paar Meter von uns entfernt. Dort lag sie. Ich war gespannt wie ein Flitzebogen. Die Leiche.

Auf einer der Dachgauben lag ein Mann in blauer Latzhose und Arbeiterhemd mit dem Rücken zu uns gewandt. Von seiner Hose war nicht mehr allzu viel übrig, sodass sie den Blick auf eins seiner Beine freigab.

Dieser Anblick erinnerte mich spontan an ein aufgeplatztes Brühwürstchen. Ich weiß, das klingt jetzt nicht sehr appetitlich, aber ich bin ehrlich: Es war genau dieser Gedanke, der mir sofort und ungebremst durch den Kopf schoss.

Vielen Kollegen gelingt der Anblick schrecklich verunfallter Menschen nur mit einem guten Schuss von stillem Sarkasmus – und den muss man nicht trainieren. Ein solches Verhalten ist weitgehend normal, menschlich eben, und sorgt im richtigen Moment für die notwendige Kompensation des Erlebten. Leider schaffe ich es selbst heutzutage, nach etlichen Dienstjahren, nicht immer, diesen Reflex zu unterdrücken und kompensiere selbst manches Mal ein bisschen zu viel. Das ist kein Ding, worauf ich stolz bin, aber es ist vermutlich auch nichts, was ich jemals vollständig in den Griff bekommen werde.

Wie elektrisiert starrte ich auf dieses Bein. Natürlich tat mir der Mann leid, aber mehr noch interessierte mich, wie es zu dem Brand kommen konnte. Das herauszufinden war jedoch nicht unsere Aufgabe. Polizeisache! Unsere Aufgabe bestand vielmehr nun in einem ganz praktischen Problem, nämlich die verkohlte Leiche zu bergen und vom Dach zu holen. Das Vorgehen war schnell klar: eine Drehleiter und zwei Kollegen. Die Durchführung allerdings schwierig. Das Bergen der Leiche benötigte viel Zeit, vor allem weil wir unser Vorhaben vor den neugierigen Blicken der Anwohner und den inzwischen eingetroffenen Pressevertretern verbergen wollten. Aus Rücksicht vor den Angehörigen und letztlich aus Würde vor dem Toten möchte man beim Bergen einer Leiche am liebsten alles Verhüllen. Das geht aber nicht immer. So auch nicht in diesem Fall.

Während meine Kollegen die Leiche von der Gaube herunterholten, baute die Polizei einen kleinen Pavillion auf, in den die Leiche sofort nach Ankunft am Boden hineingebracht wurde. Einen Blick ins Zelt konnte ich mir gut verkneifen; der eine oder andere Kameramann und Journalist konnte hingegen seine Neugier berufsbedingt nicht zurückhalten und machte Versuche, ins Zelt zu gelangen. Zum

Glück vergeblich. Die Hürde durch die anwesende Polizei war für sie doch zu hoch.

Wie ich später erfuhr, verunglückte der Mann bei dem Versuch, die Dachabdeckung der Gaube mit einem Brenner, den auch Dachdecker benutzen, selber zu reparieren. Gas, das dabei unsachgemäß aus der danebenstehenden Gasflasche austrat, strömte vermutlich in seine Kleidung, entzündete sich und damit urplötzlich den Mann mit verheerenden Folgen.

Dieser verunglückte Heimwerker war „meine" erste Leiche, die ich in meinem noch jungen Dienst als Feuerwehrmann zu Gesicht bekam. Und ich behaupte, jeder Kollege kann sich zeit seines Lebens an „seinen" ersten Toten erinnern. Das vergisst man nicht. Ich jedenfalls nicht. Doch was ich damals nicht wusste: Nur kurze Zeit später sollte ich im Rahmen der Ausbildung ein weiteres Mal mit dem Tod konfrontiert sein.

Ich war als „dritter Mann" auf einem Rettungswagen eingeteilt. Der Dritte ist der, der entweder keine Ahnung hat, Praktikant ist oder zu Ausbildungszwecken mitfährt. Auf mich traf praktisch alles zu, am meisten jedoch die Ahnungslosigkeit. Dennoch war es mir wichtig, wenigstens ein bisschen praktische Erfahrung auch im Bereich des Rettungsdienstes zu sammeln.

Es war am späten Vormittag, als unser Rettungswagen zu einem Friseursalon gerufen wurde. Die Situation, die wir dann dort vorfanden, konnte skurriler nicht sein. Wir trafen eine völlig schockierte Friseurin an und sahen eine ältere Dame mit halb fertig frisiertem

Haarschopf und bekleidet mit einem Umhang regungslos in einem der Frisierstühle des Salons sitzen. Die Friseurin erzählte uns, sie habe der Kundin gerade die Haare geschnitten, als diese den Kopf zur Seite neigte und sich plötzlich nicht mehr rührte. Einfach so.

Sofort holten wir die Dame vom Frisiersitz, legten sie in einen durch einen Vorhang abgetrennten Bereich des Salons auf den Boden und begannen mit der Herz-Lungen-Wiederbelebung. Das war das erste Mal für mich. In diesem Moment traf auch der Notarzt ein, der sofort die Reanimation übernahm und der Dame ein Elektrokardiogramm anlegte. Er gab uns dann aber sehr schnell das Signal, dass hier nichts mehr zu machen sei. Die Dame war leider verstorben.

Ich kniete noch neben der Dame und konnte die Situation kaum fassen. Da geht eine Frau zum Friseur, um sich zurechtmachen zu lassen und stirbt. Einfach so. Als uns dann später noch die Friseurin erzählte, die Dame sei gekommen, um sich anlässlich der Beerdigung einer kürzlich verstorbenen Nachbarin die Haare machen zu lassen, wurde die Situation äußerst skurril. Sie ging zum Friseur, um sich für die Beerdigung ihrer vermutlich besten Nachbarsfreundin die Haare machen zu lassen, verstarb dort aber dann selbst.

Im Rückblick auf diesen Einsatz kam mir ein Wort aus den Psalmen in den Sinn, in dem der Psalmist Gott bittet: „*Lass uns begreifen, welche Zeit wir zum Leben haben – damit wir klug werden und es vernünftig gestalten*“ (Psalm 90,12; BB).

Das Leben schreibt seltsame Geschichten. Und manchmal dürfen wir Teil dieser Geschichten sein, um sie anderen zu erzählen. Und genau das ist wichtig. Wir müssen von dem erzählen, was wir erleben. Wir müssen unserer Umwelt einen Einblick in unser Leben und Erleben geben. Denn jeder liest oder hört gerne Geschichten, auch wenn manche davon mit den Jahren etwas dicker erzählt werden, als sie anfangs wirklich waren. Doch Geschichten, die unser Leben schreibt, beschönigen nichts.

So auch diese Geschichte. Unser Leben ist kurz. Niemand weiß, wann es endet. Aber wir sind aufgefordert, die Zeit, die wir haben, vernünftig zu gestalten, um ein möglichst erfülltes Leben zu führen. Und angesichts des plötzlichen Todes dieser Frau habe auch ich mir die Frage gestellt: Was mache ich eigentlich mit meiner Zeit?

Auch wenn ich nun hier in diesem Buch einige Geschichten erzähle, meine Feuerwehrkollegen könnten, wenn sie wollten, vermutlich unendlich viele weitere spektakuläre Geschichten erzählen. Von Freud und Leid, dass einem der Mund offen stehen bleibt. Von schönen Erlebnissen, von Toten, schwer verletzten Menschen, von Geretteten in höchster Not und anderen Begebenheiten aus dem eigenen Leben. Ich möchte uns allen Mut machen, diese Geschichten zu erzählen, um aus ihnen zu lernen und daraus fürs Leben klug zu werden.

# 3.
# Freier Fall

Herbst. Das ist nicht nur die Jahreszeit des stark bewölkten Himmels, sondern auch die unangenehme Zeit für Menschen mit düsteren Gedanken. Mir sind aus meinem persönlichen Umfeld Personen bekannt, die in dieser Jahreszeit noch stärker als sonst unter Schwermut und tendenziell depressiven Momenten leiden. Und ganz ehrlich ist es letztlich ja für alle nicht schön: Morgens geht's im Dunkeln zur Arbeit und nachmittags im Dunkeln wieder nach Hause. Nine-to-five gilt jedoch nicht für die Feuerwehr, Herbststimmung dagegen schon. Die 24-Stunden-Schicht einer Dienstzeit beginnt und endet morgens um acht, da ist es meist hell. Das Herbstwetter nimmt vielmehr Einfluss auf Einsätze durch Sturmschäden oder tägliche Todos auf der Wache: Bei starkem Wind werden eben die Kettensägen noch einmal überprüft und bei angekündigtem Starkregen sind auch mal ein paar mehr Feuerwehrangehörige in Alarmbereitschaft versetzt, um bei Bedarf – wie man bei der Feuerwehr sagt – „vor die Lage zu kommen". Das Ganze hat manchmal etwas von einem Schachspiel, denn man möchte dem „Gegner" – in diesem Fall dem Wetter – einen Zug, einen Schritt, einen Gedanken strategisch voraus sein, um Schäden für Leib und Leben der Bürger abzuwenden, bevor sie überhaupt entstehen.

Es war damals ein später, bereits dunkler Novembernachmittag, als die Leitstelle einen Notruf über die 112 erhielt – von einer offenbar alkoholisierten Frau. Sie war in der Absicht, sich das Leben zu nehmen, auf den Spitzboden eines Mehrfamilienhauses gestiegen, hatte eines der kleinen Dachfenster geöffnet und war buchstäblich lebensmüde hinausgeklettert. In dieser Position verharrte sie nun schon eine ganze Weile. Keine Ahnung, wie lange sie gebraucht hatte, um zu realisieren, dass die Situation, in die sie sich selbst hineinmanövriert hatte, nicht die allerbeste war, um es mal sehr vorsichtig zu beschreiben. Irgendwann aber hatte sie sich dann doch dafür entschieden, den Notruf zu wählen. Eine sehr gute, wenn auch sehr späte Idee.

Solche Situationen, in denen ein Mensch in einer für ihn ausweglosen Lage steckt, erinnern mich meist daran, wie ich es als Christ – als ein Mensch, als jemand, der an Gott glaubt – trotz meines christlichen Hintergrundes und besseren Wissens schaffe, mein Leben manchmal in eine beinahe ausweglose Situation zu manövrieren. Vielleicht aus Frust, aus Verzweiflung oder aus einer Art Rebellion heraus. Manchmal ist das Ganze vielleicht auch nur bloß ein Hilferuf, ein Engpass im Leben, um Gott durch einen Schuss Selbstmitleid zu drohen, ihn in die Knie zu zwingen, damit endlich mal jemand ein Ohr für mein Problem, meine Ausweglosigkeit und meinen unbändigen Frust hat.

Diese Frau war nicht die erste Patientin, die in suizidaler Absicht ihrem Leben aus großer Höhe ein Finale bereiten wollte. Die wenigsten tun es am Ende wirklich. Denn Gott sei Dank steckt meist noch so viel „Restlebensliebe" im Menschen, dass viele in ihrer unbequemen Situation ausharren, bis wir als Feuerwehr alarmiert werden und die Einsatzstelle erreichen. Doch wissen und garantieren tut uns das keiner. Ich weiß bloß: Der Alarm und der Pieper am Gürtel gehen los und Sekunden später mache ich mich gemeinsam mit den Kollegen mit Rettungsgedanken auf den Weg.

Doch dafür muss man den Weg erst einmal kennen …

In dem hier geschilderten Fall war die Frau leider nicht mehr in Lage, sei es wegen ein paar Gläsern Wein zu viel oder aufgrund von Ortsunkenntnis, dem Kollegen in der Leitstelle ihre Adresse zu nennen. Für uns bedeutete das zunächst: ohne Adresse keine Rettung. Doch ein Disponent in der Leitstelle gibt nicht so schnell auf. Er weiß ja, dass man in solch einer Situation nicht auflegen kann. Schließlich war die Anruferin echt, ihr Problem ebenfalls und ihre Not war deutlich herauszuhören. Was genau sie meinem Kollegen ins Ohr rief, weiß ich nicht. Er jedenfalls versuchte über gezieltes Nachfragen *„Was sehen sie?“*, *„Was hören Sie?“* und dergleichen zu erreichen, die Örtlichkeit so konkret wie möglich einzugrenzen. Vermutlich würde man heute den Anrufer bitten, seinen Standort via Smartphone zu senden, doch der hier beschriebene Einsatz fand zu einer Zeit statt, als es noch keine technisch so versierten Smartphones gab. Eine Zeit, die Teenagern von heute wohl als mittelalterlich und ganz und gar unwirklich erscheint.

Wenige Augenblicke nach dem Telefonat alarmierte der Disponent in der Leitstelle den Löschzug einer Feuerwache im Stadtteil seiner Ermittlung. Es war die Wache, auf der auch ich meinen Dienst verbrachte. Folglich ertönte auch bei mir der unüberhörbare Alarmton auf dem an meinem Gürtel befindlichen Pieper. Mein Puls schnellte hoch und noch während ich versuchte das Display des Piepers zu lesen, kam auch schon aus dem Lautsprecher der Hinweis: *Person droht zu springen, Adresse ...*

Ratzfatz stiegen alle alarmierten Kollegen in die Fahrzeuge. Mit dabei: ein großes Löschgruppenfahrzeug. Auch wenn es hier nicht ums Löschen ging, auf diesem Fahrzeug sind zahlreiche Gerätschaften verpackt, die bei einem Einsatz wie diesem sehr hilfreich sind. Dazu noch die Drehleiter und ich als Einsatzleiter in einem sogenannten Einsatzleitwagen, damals ein SUV. Also Blaulicht an, Horn an und los.

Während der Anfahrt erhielt ich letzte Informationen – dass eben nicht klar war, wo die Frau am Fenster hockte. Allerdings war man nach den Rückfragen ziemlich sicher, die richtige Straße herausgefunden zu haben.

Nur noch wenige Hundert Meter von der vermuteten Einsatzstelle entfernt ordnete ich per Funk an, dass Blaulicht und Martinshorn auszuschalten seien, um weitgehend „heimlich" zu der Frau in ihrer Notsituation vorzudringen. Ich wollte vermeiden, dass sie ihre Suizidabsicht in letzter Sekunde in die Tat umsetzte, sobald sie uns kommen sah und hörte. Man weiß in einem solchen Moment ja nie, wie sich die Person verhält.

Mit starken Taschenlampen suchten wir die Dächer ab und entdeckten tatsächlich sehr schnell die Frau, wie sie in einer Dachluke halb saß, halb lag, sich selbst irgendwie dem Tod geweiht. Drei Etagen plus Dachgeschoss, das macht etwa 12 bis 15 Meter. Aus dieser Höhe auf den Asphalt aufzuschlagen ist vermutlich buchstäblich „todsicher", zumindest aber bei Überleben mit starken Schmerzen, schwersten Verletzungen und einer dauerhaften Einschränkung verbunden. Unser Ziel war es, genau das zu verhindern.

Es begann ein Wettlauf gegen die Zeit. Niemand wusste, ob und wann die Frau ihr Vorhaben doch noch in die Tat umsetzen würde und ob ihre Kraft, derart auszuharren, ausreichen würde. Gesehen hatte sie uns in der Zwischenzeit, unsere Fahrzeuge waren nicht zu verstecken. Entlang der geschlossenen Häuserfassade standen zahlreiche geparkte Pkw. Interessanterweise war aber direkt unter der Frau kein Auto abgestellt. Ein mehr als glücklicher Umstand, denn nur so konnten wir ungehindert unseren „Sprungretter" aufstellen. Hierbei handelt es sich um ein aufblasbares Polster, etwa drei Meter im Quadrat und zwei Meter hoch. „Aufgeblasen" wird es sehr flott durch eine Atemluftflasche. Binnen weniger Sekunden ist der Sprungretter einsatzbereit.

Während also ein Teil meiner Kollegen damit beschäftigt war, die notwendige Luft ins Polster zu bekommen, stellte ich einen Feuerwehrkollegen auf die andere Straßenseite mit dem Auftrag, sofort und sehr laut zu rufen, falls die Frau uns doch zuvorkommt und noch hinunterspringt oder vielleicht unabsichtlich fällt. Ein Fall aus dieser Höhe dauert nicht mal ganze zwei Sekunden, und ich wollte tunlichst verhindern, dass sie meinen Kollegen auf den Kopf fällt.

Der Einsatz verlief bislang gut. Zwischenzeitlich war auch medizinisches Personal eingetroffen und die Polizei hatte die Straße gesperrt, während wir weiterhin im Kampf gegen die Uhr, genauer gesagt gegen den Suizidwillen der Frau, mit den Gerätschaften hantierten.

An Einsatzstellen verliert man schnell das Zeitgefühl. Man weiß manchmal nicht, wie lange man schon vor Ort oder in betriebsamer Eile unterwegs ist. Daher weiß ich auch nicht mehr, wie lange es letztlich dauerte …

*Sie fiel.*

… ich weiß nur, dass die Frau gegen jede Vermutung, gegen jegliche Vernunft und vollkommen unerwartet für eine Reaktion des dafür abgestellten Kollegen den Halt verlor oder verlieren wollte und lautlos nach unten stürzte.

Aus 12 bis 15 Metern Höhe den Sprungretter zu treffen, ist nicht einfach. Schon eine seitliche Böe kann die Fallrichtung nachteilig verändern. Doch die Frau fiel lautlos drei Etagen an der Fassade herunter und versank treffsicher im eigens für sie aufgestellten Polster.

Der Kollege, der eigentlich ihr Fallen laut ankündigen sollte, war selbst derart überrascht, dass ihm die Worte im Hals stecken geblieben waren. Plötzlich lag die Frau direkt neben uns.

Ich spürte einen Mix aus Erleichterung und Anspannung. War sie okay? Statistisch gesehen liegt die Überlebenschance, wenn man in der Mitte des Polsters landet, bei einhundert Prozent. Die Frau landete allerdings am Rand und blieb für einen kurzen Augenblick regungslos auf dem Bordstein liegen. Der heraneilende Arzt packte sie am Arm, doch da stand die Frau schon ohne Vorwarnung auf. Sie holte tief Luft und fing sofort an, uns aus dem Brustton der Überzeugung heraus zu beschimpfen. *Was uns denn einfiele, ihr das Leben zu retten?* Sie fand deutliche Worte, auch solche, die unter die Gürtellinie gehen, um ihrem Unmut, doch noch zu leben, den ihr wichtigen Ausdruck zu verleihen.

*Meine Fresse, ist die doof.* Verzeihung, aber ich konnte in dem Moment nichts anderes denken. Als Einsatzkraft ist man trotz aller Professionalität und Berufserfahrung sowie eigener Aufregung dennoch in erster Linie Mensch. Und als solcher konnte ich die Reaktion der Frau nicht verstehen. *Wie kann „die" uns noch anschnauzen, obwohl wir unter nahezu unmöglichen Umständen zu ihr gefahren sind und alles in Bewegung gesetzt haben, um sie zu retten? Nur um uns als „Belohnung" aufs Übelste anschnauzen zu lassen?* Na ja, dachte ich, sie hatte ordentlich einen über den Durst getrunken, vielleicht denkt sie in ein paar Stunden anders über ihre Äußerungen und die ganze Situation, und sie ist heilfroh, dass sie noch am Leben ist.

Abmarsch!

Feuerwehrleute sind Pragmatiker. Sie kommen, sehen, retten und gehen wieder. Danach wartet man auf den nächsten Einsatz. So auch hier. Wir übergaben die Frau dem Rettungsdienst, der sie ins nächstgelegene Krankenhaus brachte. Mit diesem Schritt verlieren wir die Patienten meist vollständig vom Radar. Wir erhalten beinahe nie eine Rückmeldung, wie es den Menschen weiter erging; es sei denn, sie wenden sich im Nachhinein an uns. Dann drücken sie uns meist Dank aus, dass sie froh sind, dass wir zum richtigen Zeitpunkt am richtigen Ort waren. Worte, die wir gerne lesen.

Von dieser Frau habe ich allerdings nie wieder etwas gehört. Keine Ahnung, wie es mit ihr weiterging.

Als Christ wünsche ich mir manchmal, mehr über die geretteten Menschen zu erfahren und die Erlaubnis zu erhalten, an ihrem Schicksal Anteil zu nehmen, um etwas hinter ihre Kulisse zu blicken. Aber andererseits ist die Distanz zwischen mir und den geretteten Personen auch wichtig, um nicht alles im Kopf zu behalten und mein Herz nicht übermäßig zu beschweren. Es ist letzten Endes tröstlich und gut, dass ich sie für mich persönlich mit einem kurzen Gedanken, einem Gebet, der Obhut eines Größeren anbefehlen kann. Jemandem, der „*Acht auf aller Menschen Gänge*“ (Sprüche 5,3) hat.

# 4.
# Dicke Säue

Angst ist kein guter Ratgeber. Das ist sicher richtig. Aber immerhin, sie ist ein Ratgeber. Über die konkrete Bewertung ihrer Ratgeberfähigkeit lässt sich streiten, doch sicher habe nicht nur ich die Erfahrung gemacht, dass in manchen Situationen das „komische Bauchgefühl“ (meiner Ansicht nach der Beginn der Ratgebertätigkeit des Unbewussten) durchaus Sinn ergeben kann.

Rückt der gesamte *Abmarsch*, wie wir es bei der Feuerwehr Duisburg nennen, zur Einsatzstelle aus, dann ist schon ordentlich was los auf den Straßen. Wenn der gesamte Löschzug unterwegs ist, dann benötigt der Platz. Nicht nur während der Anfahrt, um durch enge und eventuell verstopfte Straßen zu kommen, sondern auch vor Ort, um alle Fahrzeuge sinnvoll und einsatztaktisch schlau aufzustellen. Speziell Letzteres ist der vermutlich meist gemachte Fehler bei Feuerwehren. Stehen die Fahrzeuge erst einmal und sind wenig später im Schlauchmanagement eingebunden, ist ihr Standortwechsel kaum noch oder nur mit sehr großem Aufwand möglich.

Ein Bild, das mich an manche Lebenssituation erinnert. Wie oft erleben wir als Menschen – mal ganz abgesehen von Feuerwehr, Schläuchen, Rauch und Co – festgefahrene Umstände, die wir uns selbst eingebrockt haben? Meist wissen wir dann nur allzu gut, was zu tun wäre, um die Lage etwas zu verbessern, tun es aber nicht, weil wir den Aufwand scheuen. Zu viele Verbindungen müssten gekappt werden, würden vielleicht für eine kurze Zeit ins Leere laufen, bevor sie schließlich wieder neu, aber dann weitaus besser miteinander verbunden wären. Vieles würde dann deutlich reibungsloser, übersichtlicher und einfach besser funktionieren – das wissen wir. Aber wir belassen es bei dem alten, festgefahrenen Zustand, weil wir entweder zu bequem, zu selbstverliebt oder zu feige sind, noch einmal die Sache von neu aufzurollen und anzufangen.

Aus eigener Erfahrung weiß ich: Mit Gott an so ein festgefahrenes Knäuel an Verstrickungen heranzugehen, entwirrt die Sache oft leichter und schneller, als wenn ich es nur auf meine Art versuchen würde. Nicht selten ist es die eigene Meinung, die unbeweglich wie Beton jede gute Auseinandersetzung zum Erliegen bringt. Das Festhalten an Argumenten trotz besseren Wissens schafft eine Atmosphäre, die zwar niemand haben möchte, aber auch nur dann aufzulösen ist, wenn ich bereit bin umzudenken. Beispielsweise meinem Gegenüber zu vergeben, obwohl mir unrecht getan wurde. Allein das hilft mir oftmals schon zu vermeiden, dass überhaupt ungute klimatische Verstrickungen entstehen. Im übertragenen Sinne: Meine Position ist manchmal gar nicht so wichtig, wie ich es im ersten Angang meine. Doch eine solche, manch einer mag sagen weiche Haltung, kann zu geordneteren Verhältnissen führen als das Beharren auf dem eigenen Standpunkt.

Es war ein Hallenbrand von der Sorte „echt schlimm". Ich war noch gar nicht lange bei der Feuerwehr, und es zeigte sich, dass unser Feuerwehrspruch *„Jeder von uns kriegt eines Tages 'ne dicke Sau"* eine unumstößliche Wahrheit ist. Heute war es für mich so weit: Die dicke Sau war da und ich hatte sie nun vor der Brust.

*Was war los?* Im Hafenbereich hatte sich eine große Lagerhalle entzündet, wie auch immer es dazu gekommen sein mag. Von Weitem konnten wir die sichtbaren Zeichen eines Großbrandes, die dicken schwarzen Rauchsäulen, erkennen. An der Halle angekommen sah ich, die Flammen schlugen bereits durch die Decke und die

Strahlungshitze war so groß, dass die Wachstuchtischdecke auf dem Tisch im Vorgarten der Nachbarhalle in Fäden zu Boden tropfte. So etwas kannte ich bis dato nur aus Vorträgen oder Fachzeitschriften. Genauso wusste ich nur aus dem Lehrbuch, wie sich Stahl verhält, wenn er zu lange zu heiß war. Er verliert plötzlich wie auf Knopfdruck seine Festigkeit und verwindet sich mit anderen Bauteilen, sodass am Ende ein großer Haufen stählerner Spaghetti übrig bleibt. Klingt merkwürdig, ist aber so. Ist das Feuer erst einmal gelöscht und ist alles erkaltet, bleibt neben einem großen Schutthaufen nur noch eine imposante Ruine aus ganz verbogenem Stahl übrig.

Angesichts der Dimension des Brandes flößte mir der Einsatz zu Beginn meiner Karriere gehörigen Respekt ein. Gott sei Dank verlief die Zusammenarbeit mit den Kollegen einwandfrei.

Apropos, natürlich gibt es im Zuge der Hektik auch mal schroffe Worte. Feuerwehr eben. Da bleibt in der Einsatzaufregung selten Platz für ein freundliches „Bitte“ und „Danke“. Das macht aber nichts, weil man sich auch ohne diese Netiquette gut versteht.

Jahre später hatte ich einen ähnlichen Einsatz, der allerdings das erste Erlebnis noch um einiges in den Schatten stellen sollte. Denn dieses Mal brannte eine Halle nicht aus Stahl, sondern aus Holz. Na ja, könnte man sagen. Die brennt wenigstens ganz weg und hinterlässt kein unförmiges und schwer zu beseitigendes Stahlknäuel. Doch man darf dabei nicht vergessen, dass die Feuerwehr zum Löschen kommt.

Als wir eintrafen, war auch diese Halle bereits im Vollbrand. Leider war die Halle umgeben von einem mehrgeschossigen Wohnhaus und einer größeren Tankstelle. Beides keine guten Nachbarn. Jedenfalls nicht, wenn das Objekt in der Mitte mit viel Schwung in Rauch aufgeht und dabei eine Mordshitze produziert.

Dieser Einsatz war der erste, bei dem ich echt Angst hatte. Angst, dass das Wohnhaus durch das Feuer in Mitleidenschaft gerät, und Angst, dass die Tankstelle ... Diesen Satz möchte man gar nicht zu Ende denken.

Meine Kollegen gaben alles. Feuerwehrfahrzeuge säumten rechts wie links die umliegenden Straßen. Schläuche, so weit das Auge gucken konnte. Doch das Feuer schien von unseren Löschmaßnahmen wenig beeindruckt zu sein und brannte die Halle schlichtweg vor unseren Augen nieder. Die Halle war nicht mehr zu retten, wenngleich wir nach wie vor alles daransetzten, den Verlust derselben irgendwie zu verhindern. Taktikänderung! Es wurde Zeit, sich um die Nachbargebäude zu kümmern, die noch vollständig erhalten waren und es nach Möglichkeit auch bleiben sollten. Kühlen. *Riegelstellung* – so lautet der Fachbegriff dafür, wenn wir dafür sorgen, dass das Feuer nicht auf benachbarte Gebäude oder Gebäudeteile übergreifen soll.

Am Ende war die Halle, wie zu erwarten, mehr oder weniger weg. Dafür blieben aber die angrenzenden Gebäude unversehrt. Und genau darum ging es, diese noch zu retten.

Noch heute höre ich mich in jener Nacht das erste Mal laut beten. Ich stand etwas abseits und fühlte mich für einen kurzen Moment mit der Situation überfordert. Aber ich wusste: *Gebet wirkt und hilft.* Diese Erfahrung hatte ich schon oft gemacht und auch jetzt kam es drauf an, aus dieser Gewissheit zu leben und zu agieren, dass Gott mittendrin statt nur dabei ist.

Solche eindrücklichen Momente des Gebets schenken mir rückblickend gesehen eine oft unterschätzte Basis des Vertrauens auf Gott.

Nicht dass ich ihm nicht vertrauen würde. Aber solche Erlebnisse bescheren mir im Nachhinein eine Art Hochgefühl an Sicherheit und Ruhe, dass ich im Alltag oft nicht erfahre, weil ich dort größtenteils versuche, mit meinen Methoden und meinen geistlichen Muskeln den Karren des Lebens aus dem Dreck zu ziehen.

Gott sei Dank geht es auch anders.

Mein Gebet wurde erhört.

Danke!

Großbrände wie diese beiden Hallenbrände hatte ich in meiner bisherigen Dienstzeit wirklich schon einige. Ich hatte verrückterweise im Abstand von mehreren Jahren gleich zweimal die Aufgabe, an derselben Stelle den Einsatzablauf zur Bekämpfung eines Großbrandes zu leiten. Nur dieses Mal ging es nicht ohne fremde Hilfe. Und damit meine ich nicht Gott oder meine christliche Überzeugung, sondern die zusätzliche Unterstützung durch benachbarte Feuerwehren mit ihrem Spezialgerät. Denn für beide Großbrände orderten wir Wasserwerfer und die dazugehörigen Pumpsysteme, die immerhin 35.000 Liter Wasser pro Minute als Wassermenge ansaugen und sogleich zielsicher auf den Brandherd wieder abgeben können. Das macht etwa drei Badewannen voll Wasser pro Sekunde.

Solche Wassermengen müssen natürlich irgendwoher kommen und auch wieder irgendwohin. Diese Problematik wird manchmal unterschätzt. Da sich die Einsatzstelle in beiden Fällen im Hafengebiet befand, war die Frage nach dem Woher und Wohin eher banal. Zum Glück.

Schon von Weitem sichtbar war die Rauchwolke. Rauch ist immer ungesund, das steht schon auf jeder Zigarettenpackung. Bei einem Großbrand gilt es auszuloten, wohin sich die Rauchwolke ausbreitet, um frühzeitig und zielstrebig die Bevölkerung vor den möglichen Gefahren zu warnen. So wie auf der Zigarettenpackung, nur ohne diese hässlichen Bildchen. Vielmehr lösen wir eine Anzahl an Sirenen sowie eine Warn-App aus, um auf diese Weise zu versuchen, die Anwohner für die Gefahren zu sensibilisieren. Manchmal klappt das gut, manchmal besser.

Doch sogenannte *dicke Säue* sind nicht nur Großbrände, die von Weitem sichtbar sind, oder schwere Unfälle auf Autobahnen, bei denen sich viel Blech ineinander verkeilt und Menschen schwer verletzt oder ums Leben gekommen sind. Nein, *dicke Säue* sind keine Frage von öffentlicher Wahrnehmung. Es handelt sich um Einsätze, die unter die Haut gehen. Erlebnisse, die das bisher Vorstellbare sprengen. Einsatzgeschehen, die man nicht einfach mit dem Helm ablegt. *Dicke Säue* sind die Einsätze, die einen schlecht schlafen lassen. Einsätze, die in einem den tiefen Wunsch aufkommen lassen, jetzt, und zwar genau jetzt, in der Situation, die eigene Familie in den Arm zu nehmen, weil man vor sich die toten Körper einer fremden Familie sieht. *Dicke Säue* sind nichts, worauf wir Feuerwehrleute stolz sind. Sie sind auch keine Strichliste, die mit Stolz auf der Fahrertür eines Löschgruppenfahrzeugs zur Schau gestellt wird.

Nein, *dicke Säue* sind schwerwiegende Erlebnisse, die verarbeitet werden wollen. Verarbeitet werden müssen. Denn um für zukünftige Anforderungen handlungsfähig zu bleiben, gilt es tatsächlich, den eingangs erwähnten Satz zu beherzigen: *Angst ist kein guter Ratgeber.* Wirklich nicht! Man stelle sich bloß vor, was wäre, wenn sie dazu führe, dass ich vor dem nächsten Einsatz eine Art Lähmung erlebte.

Doch ich muss auch fairerweise sagen: Nicht wenigen Kollegen ergeht es manchmal so. Sie sind froh, (noch) nicht das ganze Spektrum aller erdenklichen Feuerwehreinsätze erlebt zu haben. Auch ich bin dankbar für jede *dicke Sau*, die ich nicht erlebt habe. Dankbar dafür, dass ich bisher keine toten Kinder aus Autos oder Wohnungen tragen musste. Mir reicht bis heute der Einsatz, bei dem ich in die großen Kulleraugen eines völlig verschreckten Kindes schaute, das nach einem Wohnungsbrand in einem Rettungswagen saß. Es war völlig schockiert, rußgeschwärzt und konnte wegen einer Sprachbarriere zwischen uns keinen meiner Sätze verstehen. Das etwa 5-jährige Mädchen ließ wortlos alles über sich ergehen, weil es das schreckliche Branderlebnis vermutlich noch gar nicht verstanden hatte. Wie schön war dagegen der Augenblick, als es schließlich in die sicheren Arme seines Vaters zurückkam.

Genau solche Bilder sind es, die reflexartig Emotionen bei mir auslösen und mir überdeutlich zu verstehen geben, dass wir einen Beruf haben, der für die Sicherheit der Menschen absolut unverzichtbar ist. Und ich darf – und das schreibe ich ganz bewusst – Teil dieser Mannschaft sein.

Außerdem bin ich wirklich sehr dankbar, dass bislang während meiner Einsätze kein Kollege zu Schaden kam. Es wäre für mich persönlich vermutlich der schwerst anzunehmende Unfall, wenn ein Kollege von den eigenen Kollegen gerettet werden müsste.

Daher geht nichts über eine gute Vorplanung, gute Ausbildung, einen kühlen Kopf, eine durch nichts getrübte Zusammenarbeit an der Einsatzstelle – und für mich persönlich auch ein Gebet –, wenn wieder mal in Duisburg eine *dicke Sau* los ist.

# 5.
# Ohne Worte

Meine Tätigkeit bei der Feuerwehr beschränkte sich viele Jahre nicht alleine auf die des Einsatzleiters im Brand- oder Hilfeleistungsfall. Der Feuerwehr als Team, als Mannschaft, als fast schon große Familie obliegen zahlreiche Aufgaben. Da sind nicht nur die Kräfte, die an der Einsatzstelle ihr Bestes geben, sondern eben auch Kolleginnen und Kollegen, die zeitgleich, zum Beispiel aus Anlass eines Großereignisses, im sogenannten *rückwärtigen Dienst* bemüht sind, stets einen Schritt weiterzudenken, Dinge zu planen und vorzubereiten, um den Kräften vor Ort an der Einsatzstelle ein Stück den Rücken freizuhalten oder im richtigen Augenblick die notwendige Unterstützung geben zu können.

Als Personalunion der Mitarbeiter im rückwärtigen Dienst nehmen wir zugleich eine weitere Funktion wahr. Außerhalb der üblichen Bürozeiten unterstützten wir das Ordnungsamt dabei, Einweisungen nach dem „Psychisch-Kranken-Gesetz" durchzuführen. Dabei geht es darum, psychisch kranken Menschen sehr zeitnah Schutz und Hilfe zu geben, sie aus ihrer bedrohlichen Gedankenlage zu befreien, damit sie sich am Ende nicht das Leben nehmen oder für andere zu einer Bedrohung werden. Solche Einsätze kommen häufiger vor, als man denkt. Und bei jedem einzelnen offenbart sich ein schlimmes Einzelschicksal, ein gescheitertes Lebensmodell oder eine ausweglose Situation, die ein ganzes Buch füllen könnte.

Als Mitarbeiter in diesem Aufgabenbereich erhielt ich einen Einblick in menschliche Abgründe, die ich nie für möglich gehalten hätte. Ich lernte beispielsweise einmal eine alte Dame kennen, die mich sehr stark an die Schauspielerin von „Miss Marple" aus den gleichnamigen Agatha-Christie-Filmen erinnerte. Sie war adrett gekleidet im grünen „Jäger-Outfit" und führte ein dunkelbraunes Handtäschchen mit sich. Die Dame wurde mir im Flur eines Krankenhauses vorgestellt. Das Problem war: Niemand kannte sie. Das alleine wäre nicht weiter tragisch, doch auch sie wusste weder wer sie war noch wo sie wohnte. Und Ausweispapiere oder Ähnliches hatte sie leider auch nicht dabei. Also wurde erst einmal ein Bett für sie organisiert, damit sie wenigstens für die Nacht untergebracht war. Am nächsten Tag suchten dann die Mitarbeiter des Krankenhauses, vermutlich im Dialog mit anderen Ämtern und Behörden, weiter nach einer Lösung.

Ich habe Hunderte solcher Einsätze erlebt. Darunter auch den Mann, der völlig nackt von der Polizei aufgegriffen worden war und nun in eine Decke gehüllt auf der Polizeiwache saß und steif und fest behauptete, er sei Jesus Christus. Kein Scherz! Jegliches anfängliches Lächeln über die Reaktion des Mannes verging mir, als auf mehrfaches Nachfragen zu Wohnort und Eltern die Antworten „Nazareth" und „Maria und Josef" aus seiner finsteren Miene kamen.

Bitte glauben Sie mir, wenn jemand auf einer Polizeiwache, völlig nackt, im Rahmen einer Aussage solche Antworten von sich gibt, ist das nicht mehr lustig. Der Mann war von der Polizei aufgegriffen worden, als er dabei erwischt wurde, wie er mit großen Steinen die Scheiben einer örtlichen Kirche einwarf. An die Gründe für die Form seines buchstäblich nackten Protestes kann ich mich nicht mehr erinnern, doch ich weiß noch, wie sehr ich selbst über derartigen Unsinn entrüstet war.

Eine andere Geschichte ist mir bis heute gut in Erinnerung. Eine Begebenheit, die auf so seltsame und zugleich wunderbare Weise dienstliche Notwendigkeiten mit meiner christlichen Überzeugung in Verbindung brachte.

Alles begann für mich mit einer nächtlichen Alarmierung zu einem eben solchen *Psych-KG*-Einsatz. Diese Bezeichnung klingt vielleicht etwas roh, aber wie in vielen Institutionen wird auch bei der

Feuerwehr so einiges abgekürzt. *Psych-KG* war dabei die sachliche und zugleich unmissverständliche Beschreibung eines Einsatzes dieser Art. Zieladresse solcher Einsätze sind meist Krankenhäuser oder Polizeistationen – nur ganz selten findet man sich in Privatwohnungen wieder. Dieses Mal war der Duisburger Hauptbahnhof die Einsatzadresse, konkret die dort ansässige Polizeiwache. Polizeiwachen in Hauptbahnhöfen strahlten damals nun wirklich keine gemütliche Atmosphäre aus. Die Möbel hatten den Charme eines Sperrmüllhaufens: alt, sachlich, praktisch. Vermutlich musste das so sein, um gar kein persönliches oder vielleicht sogar gemütliches Ambiente aufkommen zu lassen. Mit Blick auf randalierende „Kundschaft" der Polizei ist das karge Interieur schon irgendwie verständlich.

Nach meinem Eintreffen nahm mich der diensthabende Dienstgruppenleiter der Polizei in Empfang und wies mich kurz in die Lage ein: Eine junge Frau sei aufgegriffen worden, weil sie sich sehr aggressiv gegenüber anderen Personen im Hauptbahnhof verhalten habe. Zudem sei bei der Durchsuchung ihrer wenigen Habseligkeiten ein Brief entdeckt worden, der darauf schließen lässt, dass sich die Person das Leben nehmen wolle. In so einem Fall wird zu Recht nicht lange gefackelt und zack sitzt man (in diesem Fall frau) als Verursacher auf der Wache. Nachdem man mir den weiteren Sachverhalt erklärt hatte, sah ich mich nach der Frau um. Vergeblich. Ich sah sie nirgends. Auf meine vorsichtige Frage, wo sie denn stecke, zeigte mir der Polizist mit einem Augenrollen den Weg hinter das Polizeipult. Mein Blick fiel auf eine völlig zusammengekauert dasitzende Person. Ich sah sie von hinten, nur ihren kurzen dunkelbraunen Haarschopf.

Bei all den *Psych-KG*-Einsätzen, die ich hatte, war es mir stets wichtig, mit dem Patienten zu reden. So auch jetzt. Ich wollte wissen, warum es zu dieser Situation gekommen war und wie ich als

Vertreter der Stadt, beziehungsweise die später die Person aufnehmenden Ärzte, helfen können. Also begann ich ein Gespräch. Ich stellte meine üblichen Fragen, bekam aber keine Antworten.

Nichts.

Folglich musste ein Plan B her.

Irgendwas!

Ich bat zunächst alle Polizisten darum, den Raum vorübergehend zu verlassen, um so etwas Ähnliches wie eine Privatsphäre zu erzeugen. „So", dachte ich, „jetzt muss es aber klappen", und ich erinnerte mich an eine Geschichte aus der Bibel, und zwar an die Story, als Paulus in Athen unterwegs war, sich die ganzen Heiligtümer der Athener ansah, und anschließend zu allen Anwesenden sagte: *„‚Bürger von Athen! Ich habe mich mit eigenen Augen davon überzeugen können, dass ihr außergewöhnlich religiöse Leute seid'"* (Apostelgeschichte 17,22; NGÜ).

Mich beeindruckt an dieser Geschichte, dass Paulus eigentlich die Bürger von Athen ermahnen wollte, was für einen Unsinn sie machten, indem sie sich auf fremde Götter, Statuen, Heiligtümer und all das Zeug verließen, statt sich an Jesus Christus zu wenden. Zunächst aber wollte er ihre Aufmerksamkeit, ihr „Ja" und nicht ihre Reaktion auf seine Kritik. Deswegen spricht er sie entgegenkommend und fokussiert auf den kleinsten gemeinsamen Nenner an. Sein Ziel war, eine Offenheit zu erwirken. Mir imponiert diese Art.

So unternahm auch ich den Versuch, mit dem Häufchen Elend vor mir positiv in Kontakt zu treten, um auch zunächst ein „Ja" zu erreichen. Irgendeins, an das ich weitere Fragen und Vorgehensweisen knüpfen könnte.

Zunächst vereinbarte ich mit der Frau eine Form der Kommunikation: nicken und Kopf schütteln. Ich wollte, ich musste schließlich ein „Ja“ erhalten oder eben ein „Nein“. Irgendwie. Auf meine Frage, ob das so okay wäre, bekam ich ein zustimmendes Nicken. Ein Anfang! Das Eis schien zu brechen.

„Darf ich ‚Du‘ zu Ihnen sagen?“, war eine meiner nächsten Fragen. Diese dreiste Frage erlaubte ich mir auch nur, weil es sich um eine sehr junge Frau handelte und ich den Eindruck hatte, mit ihr auf diese Art eher ins „Gespräch“ zu kommen. Ein Nicken kam als Antwort. Ich näherte mich ihr verbal in sehr kleinen Schritten. Über meine weiteren Fragen und ihre Reaktionen des Nickens und Kopfschüttelns möchte ich an dieser Stelle nicht weiter sprechen. Wohl aber über die Begegnung, die mit ihrem Gesprächsverlauf etwas sehr Bedeutsames für mich persönlich hatte: Zum ersten Mal sprach ich im Rahmen eines Einsatzes über meine christliche Überzeugung, über die unschätzbare Möglichkeit zu beten, sich Hilfe „von oben“ zu holen, und über das Vertrauen, das ich in Gott und in Jesus Christus setze. Klar, über den eigenen Glauben zu reden, hängt zuweilen von der persönlichen Tagesform ab. Doch damals, in diesem Moment auf der Polizeiwache, sprudelte es nur so aus mir heraus, und in meinem Eifer versprach ich ihr, sie am nächsten Tag im Krankenhaus zu besuchen und ihr eine Bibel zu schenken. Überraschenderweise war auch hier ihre wohlüberlegte Antwort ein Kopfnicken.

Schließlich traf der verständigte Rettungswagen ein und mit der Ankunft der Sanitäter endete unser verbal einseitig geführtes Gespräch. Und da sah ich zum ersten Mal in das Gesicht der jungen Frau, die mich mit großen Augen ansah. Ein freundliches Gesicht. Ein Blick ohne Groll und ohne Stirnrunzeln. *Jünger als angenommen*, dachte ich. Ich verabschiedete mich von ihr erneut mit der Aussicht auf einen Besuch im Krankenhaus. Ich staunte selber über meine Worte.

Kurz darauf fuhr ich nach Hause, um im Bereitschaftsdienst die restliche Nacht auf den nächsten möglichen Einsatz im rückwärtigen Dienst zu warten. Die Nacht blieb aber nun ruhig. Das war auch gut so, denn mir wollte diese Begegnung nicht mehr aus dem Kopf gehen.

Am nächsten Tag hatte ich frei. Keinen Dienst, keine Aufgaben – da war nur die eindrückliche Erinnerung an das Geschehen in der Nacht und an mein Versprechen, eine Bibel zu verschenken und die Frau im Krankenhaus zu besuchen.

*Wie bekloppt bin ich eigentlich?*, hämmerte es mir aber durch den Kopf. *Du kannst doch nicht Dienstliches und Privates so vermischen! Wie doof bist du eigentlich? Vergiss es, die Frau kann sich sowieso nicht an dich erinnern!*

Gedanken wie diese kamen mir immer wieder in den Kopf. Den ganzen Tag über. Beeindruckend häufig. Und es kam wie es kommen musste: Wenn man etwas auf die lange Bank schiebt … lässt mit der Zeit der innere Druck nach, obschon ich jemand bin, der seine Versprechen einhält. Allerdings fing ich an, mich damit zu trösten und zufriedenzugeben, dass ich der Frau ja bereits genug und ausreichend geholfen hatte. Schließlich war sie nun in ärztlicher Obhut. Ein Trugschluss, wie sich herausstellen sollte.

Am nächsten Tag hatte ich wieder 24-Stunden-Dienst. Erneut war ich der rückwärtige Dienst mit der Zusatzaufgabe, kranken Menschen nach *Psych-KG* zu helfen. Den Einsatz mit der jungen Frau hatte ich noch immer irgendwo in den Untiefen meiner Erinnerung, aber ich bemühte mich, ihn endlich abzuhaken.

Am Nachmittag startete dann mein erster Einsatz. Zieladresse: Krankenhaus. Nicht irgendein Krankenhaus, nein, das Ziel war das Krankenhaus, in das vor anderthalb Tagen die junge Frau gebracht worden war. Und Einsatzort war nicht irgendeine Station, nein, es war die Station, auf die *Psych-KG*-Fälle wie sie für gewöhnlich gebracht werden.

Auf einmal verspürte ich den starken Impuls, dass Gott mit mir und dieser Frau noch nicht fertig war. Das war erst der Anfang und eine Geschichte sollte wohl noch zu Ende geschrieben werden. Dass nun der aktuelle Einsatz mich daran erinnerte, war wohl kein Zufall, oder? Jedenfalls ging der gerade eingetroffene Alarm vor. Ich fuhr zum Krankenhaus.

Eine Stunde später waren dieser Einsatz und alle Formalitäten erledigt. Ein Mann hatte sich selber ins Krankenhaus begeben, weil er mit seinem Leben überfordert war. Derartige Hilfeersuchen passieren nicht selten. Doch offensichtlich hatte er im Laufe des Gespräches mit den Fachärzten seine Meinung geändert, wollte lieber wieder heim. Das allerdings war dem Arzt nun nicht mehr recht und so muss – aus Fürsorge für den Patienten – eine Einweisung geschrieben werden. Also letztlich eine Flut von Formularen, damit alles seine Richtigkeit hat. Der Patient war versorgt und die Krankenpflegerin hatte soeben hinter mir die Flurtüre zur geschlossenen Station wieder verriegelt, als mich ein Gedanke durchzuckte und ich auf dem Absatz kehrtmachte. *Die junge Frau von vorgestern.* Ich nahm allen

Mut zusammen und klingelte nochmals. Die Tür ging auf und die Pflegerin sah mich mit einem fragenden Blick von der Sorte *Na, was haste vergessen?* an.

„Ist hier neulich eine Patientin mit Namen … eingewiesen worden?“, fragte ich.

Ich bekam ein Nicken als Antwort. Wie passend, dachte ich. Und dann hörte ich von der Pflegerin, dass man schon lange keinen so schweren Fall auf Station gehabt hätte. Die Frau sitze nur auf dem Bett und haue autoaggressiv ihren Kopf vor die Wand.

Entgegen aller meiner dienstlichen Überzeugungen erkundigte ich mich nach einer Besuchsmöglichkeit.

Das würde nichts bringen, prophezeite sie mir.

*Abwarten*, dachte ich.

Etwa fünf Minuten später saß ich einer sympathischen jungen Frau gegenüber, die sich mit mir völlig normal unterhielt, sich nicht nur an meine Stimme, sondern auch an mein Versprechen aus der Nacht erinnerte: „War da nicht was mit der Bibel? Und einem Buch?“

Ich fühlte mich ertappt, war etwas beschämt und zugleich sehr erleichtert, dass ich in meiner Unentschlossenheit trotzdem dieses Präsent gestern im Auto deponiert hatte, wenngleich ich unschlüssig war, es jemals für den erdachten Zweck rauszurücken. Doch jetzt war es tatsächlich so weit. Ich hatte das Gefühl, Gott selbst fügte nun die Situation. Nicht nur dass ich meinen Besuch in die Tat umsetzte, auch mein Versprechen mit der Bibel sollte eingelöst werden. Und weil ich offensichtlich nicht imstande war, beides aus mir heraus zu tun, übernahm Gott das Kommando und kümmerte sich um den richtigen Zeitpunkt und auch sonst alles.

Ich flitzte rasch runter zu meinem Auto, holte die Bibel heraus und übergab sie einer freudestrahlenden, jungen Frau, die mir gegenüber keine Sekunde den Eindruck erweckte, sie sei psychisch labil – auch wenn es in Wirklichkeit trotzdem so war. Sie erzählte mir, dass sie aus einem christlichen Elternhaus kam, von zu Hause weggelaufen, durch halb Nordrhein-Westfalen getrampt oder mit dem Zug gefahren – und völlig planlos und frustriert in eben dieser Polizeiwache gestrandet sei, in der wir uns begegneten.

Ein paar Tage besuchte ich sie ein weiteres Mal und wir unterhielten uns erneut lange und gut. Da sie mir verriet, dass sie in Kürze nach Aachen gebracht werden solle, rief ich dort einen guten Freund an, von dem ich wusste, dass eine Gruppe junger Christen es sich zur Aufgabe gemacht hatte, psychisch labilen Menschen Hoffnung und Hilfe zu sein. Doch offenbar waren sie nicht erfolgreich bei der Kontaktaufnahme. Nach diesem Besuch endete mein Kontakt zu ihr. Ich habe absolut keine Ahnung, wie es ihr weiter ergangen ist. Vielleicht liest die junge Frau diese Zeilen irgendwann ja einmal. Falls ja, dann sollst du wissen, ich wünsche dir alles Gute und Gottes Segen für deinen weiteren Lebensweg. Ein Weg, der dann hoffentlich nicht mehr bei der Polizei endet, sondern bereits vorher bessere Abzweigungen findet.

Und meine ganz persönliche Lektion? Mir geht es darum, auf Jesus Christus, den für viele „unbekannten Gott"*, der doch irgendwie und jederzeit spürbar da ist, aufmerksam zu machen. Das geht nicht immer mit Worten. Und es klappt nicht frontal mit der Brechstange. Paulus wollte ein „Ja", eine erste Zustimmung bei seinen Zuhörern erwirken – genau das war auch mein Ziel. Dazu reicht manchmal ein kurzes Nicken. Eine wortlose Zustimmung. Ein offener Blick. Eine Aufmerksamkeit der subtilen Art. Und für mich war es beeindruckend und beschämend zugleich, dass obschon unser Gespräch verbal so einseitig verlief, etwas Tieferes bei der jungen Frau passiert war, dass ihr mein Versprechen so wichtig war.

Rückblickend gesehen glaube ich, wir haben beide aus dieser kurzen Begegnung profitiert. Danke dafür!

*„*Als ich nämlich durch die Straßen eurer Stadt ging und mir eure Heiligtümer ansah, stieß ich auf einen Altar mit der Inschrift: ‚Für einen unbekannten Gott'. Ihr verehrt also ‚ein* göttliches Wesen', ohne es zu kennen. Nun, gerade *diese ‚euch unbekannte Gottheit' verkünde ich euch*" (Apostelgeschichte 17,23; NGÜ).

# 6.
# Wenn es stinkt

Tetrahydrothiophen. Was für ein Name für einen chemischen Stoff! Ich lernte ihn irgendwann im Rahmen meiner Ausbildung kennen. Das Wort finde ich derart „abgefahren", dass ich es vermutlich nie wieder vergessen werde. Vielleicht aber fragen Sie sich, warum man bei der Feuerwehr chemische Begriffe lernt? Die Antwort ist einfach, ehrlich und ernüchternd: weil es ungemein wichtig ist.

Die Feuerwehr ist prinzipiell der Joker für jede erdenkliche Gefahrenlage. Sie muss alles können (irgendwie), soll sehr schnell am Unglücksort eintreffen und muss mit ihrem Fachwissen sowie vereinten Kräften zu verhindern versuchen, dass der Schaden nicht noch größer, sondern die Lage stabilisiert und die Gefahr behoben wird. So viel zur Idealvorstellung. Tatsache aber ist, dass auch die Arbeit der Feuerwehr Grenzen kennt und die Kollegen und Kolleginnen trotz umfassender Spezialausbildungen irgendwann mit ihrem Latein am Ende sind und dann ein gewisses Regelwerk befolgen – die sogenannte „GAMS"-Regel. Sie findet immer dann Anwendung, wenn es sich um Gefahrguteinsätze handelt, die das normale Maß eines Unfalls übersteigen, weil Stoffe austreten oder auszutreten drohen, die für Mensch, Tier und Umwelt ein echtes Risiko sind.

Ganz ehrlich: Ich muss immer etwas schmunzeln, wenn in den Medien, der Politik und in unserer Gesellschaft ein Riesenaufriss um den Transport von Castorbehältern mit radioaktiven Abfällen gemacht wird. Nicht dass ich diesen Abfall oder seinen Transport besonders gut fände oder die Kritik an dieser Stelle entkräften möchte. Nein, gewiss nicht. Doch leider scheinen alle Beteiligten in der ganzen Diskussion zu vergessen, wie viel übles Zeug tagtäglich über die Autobahnen und Bahngleise durch Deutschlands dicht besiedelste Ortschaften rollt, ohne dass es überhaupt jemandem auffällt. Auch dafür müsste die Öffentlichkeit sensibilisiert werden.

„GAMS" – das bedeutet: **G**efahr erkennen, **A**bsichern der Einsatzstelle, **M**enschenrettung durchführen, **S**pezialkräfte anfordern. Wie alles bei der Feuerwehr geschehen auch diese Schritte immer unter Beachtung der eigenen Sicherheit – niemandem ist am Ende geholfen, wenn die Retter selbst zu Opfern werden und die Lage nur noch mehr eskaliert. „Eigenschutz" nennt man das. Und der ist unverzichtbar.

Eine Schutzkleidung zu tragen gehört mit zu den grundlegendsten Maßnahmen des Eigenschutzes. Dann und wann gehören aber auch spezielle Gerätschaften oder Messgeräte dazu, die das Leben der Einsatzkräfte und damit auch den Schutz aller anderen Personen am Ort sichern.

Irgendwann hatte ich wieder mal einen Einsatz, bei dem es nicht brannte, sondern zischte. Die Kollegen der Leitstelle alarmierten uns mit dem Einsatzstichwort *Gasgeruch*. Solche Einsätze kommen schon des Öfteren vor.

Tetrahydrothiophen stinkt erbärmlich. Es wird als Odorierung im Stadtgas oder im Erdgas benutzt. Erst dadurch macht der Begriff *Gasgeruch* Sinn, denn ohne diesen Geruchsstoff könnte man das Gas gar nicht riechen und wäre im Fall einer Gasleckage der Gefahr ausgesetzt, diese gar nicht zu bemerken. Und noch etwas bringt der Stoff Tetrahydrothiophen mit sich: Er ist nicht in Wasser löslich, sondern nur in Alkohol, Ether und Aceton und die Dämpfe reizen Haut und Augen und rufen Blutstauungen in den Lungen hervor.

Bei allen Einsätzen, in denen es um Gase geht, ist stets ein erhöhtes Maß an Sicherheit erforderlich, denn schon der kleinste Funke kann unter Umständen eine gewaltige Explosion auslösen, sofern das Gasgemisch und die Umluft im richtigen Verhältnis zueinander gegeben sind. Dieses Verhältnis zu ermitteln ist unsere erste Aufgabe, nachdem wir an der Einsatzstelle eingetroffen sind.

Um kein unnötiges Risiko einzugehen, parken wir die Feuerwehrfahrzeuge im sicheren Abstand zur Einsatzstelle, schalten die Funkgeräte aus und verzichten auf die Idee, am Haus mit der Leckage die Klingelknöpfe zu drücken, um irgendwie ins Haus zu kommen. Jede noch so kleinste elektrische oder mechanische Zündquelle muss unter allen Umständen vermieden werden, sonst wird der Einsatzablauf eventuell dramatischer, als man zuerst dachte.

Das Zischen, dass der Anrufer der Leitstelle gemeldet und weswegen er uns nun zu dem hiesigen Einsatz gerufen hatte, kam jedoch nicht aus einem Haus, sondern aus einer Baugrube. Sie war vermutlich tagsüber von Bauarbeitern gegraben und nun vorübergehend – bis zur Fortsetzung der Arbeiten – verwaist in der Kreuzungsmitte einer nur selten befahrenen Wohngegend zurückgelassen worden.

Wir stellten unsere Fahrzeuge lehrbuchgemäß weit genug von der Unfallstelle ab und gingen die paar Schritte hin zur Baugrube. Von Weitem hörten wir bereits das penetrante Zischen des Stadtgases. Der Geruch mit eben diesem Odorat Tetrahydro...dingsbums tat sein Übriges und komplettierte das Bild der Lage.

Was nun?

Als Einsatzleiter war ich noch relativ unerfahren, doch ich entschloss mich dazu, zunächst einmal einige Kollegen mit Gasmessinstrumenten um die Einsatzstelle zu positionieren. Diese Messgeräte stellten sofort eine erhöhte Gaskonzentration fest, vor der sie mit einem andauernden Piepen akustisch warnten. Diese Warnung ertönte von allen vorhandenen Messgeräten und vermittelte auf diese Weise eine nicht überhörbare und irgendwann einfach nur noch nervige Hektik. Trotz allem kam es nun in dieser Gefahrenlage auf die richtige Sorgfalt an.

Mit Atemschutzgerät auf dem Rücken und Atemschutzmaske im Gesicht (Eigenschutz!) stiegen wir nun zu zweit in die Baugrube hinab. Ich erinnere mich noch daran, dass ich in diesem Moment an meine Familie denken musste. Ich fragte mich, ob ich sie wohl am kommenden Morgen in gewohnter Manier in den Arm nehmen könnte. Für Außenstehende klingt das womöglich etwas arg absurd, vielleicht sogar panisch, doch sind solche Gedanken nicht einfach auch ein Stück weit normal und ganz menschlich? Schließlich ging es für mich in die Höhle des Löwen – in Form von Gas.

Mein Kollege und ich besahen die Gasleitung, werkelten mit unseren Fingern an ihr herum, bis ich einen ausgewachsenen Riss ausmachen konnte, in den locker vier meiner Finger passten. Mit anderen Worten: Die Leckage war so groß, dass wir seitens der Feuerwehr keine Möglichkeit sahen, sie mit unseren Methoden zu beheben. Also informierte ich den Notdienst der Stadtwerke.

Nachdem dieser eingetroffen war, schätzten die Stadtwerke-Techniker die Lage ähnlich ein und sie bestellten drei Bagger. Die kamen auch irgendwann und verrichteten ihren Dienst bis zum nächsten Morgen, indem an drei weiteren nahe gelegenen Stellen Baugruben errichtet wurden, um das zu reparierende Stück Gasleitung zunächst gasfrei zu machen. Dazu sollte in jeder Baugrube die Gasleitung freigelegt und durch sogenannte Blasen abgedichtet werden. Ich staune bis heute, mit welcher Gelassenheit die Profis der Stadtwerke einer solchen Leckage zu Leibe rücken. Angefangen damit, dass sie mit ihrem Diensttransporter direkt bis an die Baugrube fuhren, während wir von der Feuerwehr locker 50 Meter Abstand hielten. Ich staunte ebenfalls nicht schlecht, als man schließlich das defekte Stück ausgebaut hatte und wir alle mit großen Augen auf eine Leckage sahen, die nicht größer als ein 5-Cent-Stück war. Die Mitarbeiter der Stadtwerke waren natürlich „not amused“ über ein derart kleines Loch, dem mit diesem ungleich hohen Aufwand begegnet wurde. Stundenlanges und nächtliches Baggern ist letztlich nicht so preiswert. Irgendwann aber fuhren wir alle wieder nach Hause. Dass dieser Einsatz von uns eine intensive Aufarbeitung erforderte, war selbstredend.

Ein paar Tage später fand eine Nachbesprechung statt, in deren Rahmen man versuchte, den Einsatz, die angefallenen Kosten und den dadurch entstandenen Ärger aufzuarbeiten. Ärger, weil ich als Erster eine Fehleinschätzung abgegeben hatte. Doch interessanterweise hatten sich ganz offensichtlich alle anderen Kollegen auf diese eine Einschätzung verlassen. Keiner aber hat bis heute verstanden, warum sich so viele Personen in gleicher Weise vertan hatten. Eine interessante Kettenreaktion.

Mögliche Fehleinschätzungen gehören bei uns wie in jedem anderen Job dazu. Jeder Einsatz, jede Lage, jeder Notruf kann mit reichlich Fehleinschätzung einhergehen, die wir erst im Laufe der Schadensbewältigung erkennen und erst nach und nach beheben können. Dafür muss man nur immer wieder hinschauen, die Lage neu bewerten, zu neuen Ergebnissen und zielstrebigen Reaktionen kommen. So etwas nennt der Fachmann *Führungskreislauf*. In einem solchen Führungskreislauf, der aus Erkundung, Beurteilung und Entschluss besteht, agiert man verständlicherweise stets mit einem gewissen

Informationsdefizit. Deswegen gehen Feuerwehrleute diesen Ablauf reflexartig wieder und wieder durch, bis sie schließlich fertig sind.

Allerdings hat das am Beispiel der Gasleitung nicht so recht geklappt. Fehler gehören zum Leben leider einfach dazu.

Zahlreiche Fehleinschätzungen durch Menschen begegnen mir auch in der Bibel. Nur ohne Gas, ohne Feuerwehr, aber unter anderem mit viel Ärger und Kosten. Der *Führungskreislauf* vieler Menschen in der Bibel – ich bin so frei, diesen Begriff mal zu übertragen – beschäftigt sich stets mit der Frage: *Genüge ich Gott? Habe ich ausreichend geleistet? Stehe ich gut (gerecht) vor ihm da?* Fragen, die allesamt – wie wir gleich sehen werden – eines gemeinsam haben: eine religiöse Fehleinschätzung. Denn wie im Einsatz mit der Gasleitung kann beispielsweise eine falsch verstandene Religiösität Thema einer derart fehlgeleiteten Kettenreaktion sein.

Nicht selten ist es unser aller Wunsch, wieder mehr Sicherheit und Stabilität ins eigene Leben zu bringen, um – im Bild gesprochen – eine bestehende Leckage im Leben ausfindig zu machen und zu stopfen. Wir merken, wie Lebensfreude ausströmt und verloren geht, während bereits alle Warntöne unserer Messinstrumente aus dem eigenen Umfeld Alarm schlagen. Doch weil diese am Ende nur nerven, blenden wir ihre Funktion, ihren Messwert schlichtweg aus.

Solche Warntöne können die Ratschläge guter Freunde sein oder unangenehme gesundheitliche Folgen von Stress. Manchmal sind es Existenzängste, Panikattacken oder einfach das ungute Gefühl, zum falschen Zeitpunkt am falschen Platz zu sein. Oder die Überforderung, ständig im Vollgasmodus und ohne Rücksicht auf Verluste unterwegs zu sein. Diesen Warntönen ist meiner Ansicht und Erfahrung nach unbedingt Gehör zu schenken. Es ist dann nämlich erforderlich, selbst in die Tiefe des eigenen Lebens hinabzusteigen. Meist entdeckt man dabei eine riesige Leckage. Nicht selten baggern wir dann auch das ganze Leben drum herum aus und zahlen einen hohen Preis für diesen falschen Lebensweg. Übrig bleibt ein durchlöchertes Leben, ohne dass das echte Problem jemals angegangen wurde.

Dabei wäre die Reparatur in der Tiefe des eigenen Lebens so einfach.

*„Was muss ich tun, um gerettet zu werden?“*, lautete beispielsweise die Frage eines sehr wohlhabenen jungen Mannes, von dem das Matthäusevangelium berichtet (Matthäus 19,16). Daraufhin unterhielt sich Jesus in einem ehrlich geführten Dialog mit diesem Mann über die Frage nach Glückseligkeit.

Der junge Mann vertrat den Standpunkt, dass er sich diese durch redliche Mühe und viel Engagement bereits erarbeitet habe. (Viele Menschen zur Zeit Jesu lebten mit einem großen selbst gebauten Regelwerk, das ihnen am Ende des Lebens die Gemeinschaft bei Gott garantieren sollte. Doch auch nur, wenn es gut lief. Sie verstanden allerdings nicht, dass Jesus als Sohn Gottes in leibhaftiger Form die Erfüllung all dessen war.) Daher antwortete er auf die Frage Jesu, ob er denn auch alle Gebote gehalten habe, vermutlich mit stolz geschwellter Brust, dass er all das von seiner Jugend an getan habe. Unbeeindruckt von so viel Selbstgerechtigkeit rät Jesus ihm daraufhin, seinen Wohlstand zugunsten der persönlichen Nachfolge als Christ aufzugeben. Doch genau an dieser Stelle bricht für den Mann seine Welt- und Himmelssicht auseinander – immerhin ist er sehr reich und das wollte er offensichtlich auch bleiben. Er entscheidet sich letztlich für seinen bisherigen Lebenswandel und damit gegen ein ehrlicheres und letztlich glückseliges Leben mit Gott. Fatale Fehleinschätzung.

Ob nun reich, mittelständisch oder arm, viele ziehen ihr Ding einfach weiter durch – ungeachtet eines Blickes auf ihr Leben und die Perspektive, die Gott bietet. Wenn es um die Frage nach Selbsterfüllung und Unabhängigkeit geht, bleibt heutzutage für viele Menschen der Glaube an Jesus Christus außen vor. Warum? Könnte das nicht eine Fehleinschätzung sein? Ein zu schnelles Weitermachen, wenn es darum geht, Dinge in der Grube des Lebens zu reparieren? Ob nun mit großem oder kleinem Leck.

Der Einsatz mit der Gasleitung ist mir insofern persönlich eine Lehre, als dass ich seitdem mit größerer Sorgfalt die Dinge beurteile, die mir an Einsatzstellen begegnen. Zugleich ist er mir ein mahnendes Beispiel dafür, dass ein Leben mit Gott mehr bedeutet als das stupide Abarbeiten irgendwelcher religiöser Regeln oder Traditionen. Gott möchte, dass ich ihm vertraue. Erst dann kann er meine Fehleinschätzung korrigieren und unnötige Umwege vermeiden.

# 7.
# Die Explosion von Hermann Wenzel

Abendbrotzeit. Als Familie haben wir, solange es sich familiär aufrechterhalten ließ, gemeinsam am Tisch gegessen. Ein Ritual, das nicht immer einfach zu realisieren war. Als die Kinder dann langsam, aber sicher, älter und selbstständiger wurden, vereitelten unsere unterschiedlichen Tagesabläufe diese Familienzeit zusehends.

Erst vor rund einem halben Jahr waren wir in das Haus eingezogen, das in unmittelbarer Nachbarschaft zur Feuerwehr gelegen ist. Anfangs befürchtete ich, diese räumliche Nähe sei mehr ein Problem als ein Vorteil, doch glücklicherweise bewahrheitete sich dieser Gedanke nicht.

Meine Frau und ich sind keine Fans von Gardinen oder Vorhängen, die den Blick raus ins Freie trüben oder umgekehrt von außen ins heimische Ambiente. Schon damals durfte jeder von außen sehen, wie wir uns am Abendbrottisch trafen, aßen, stritten und uns auch wieder vertrugen. Bei Familien mit Kleinkindern sind die Nerven schon mal etwas angekratzt; sind die Kinder später in der Pubertät, sind praktisch keine Nerven mehr da oder sie sind gespannt wie Gitarrensaiten, dehnbar und strapazierfähig, aber auch nicht reißfest und manchmal eben bereit, den falschen Ton von sich zu geben.

Eines Abends, im Winter 2001, unsere jüngste Tochter war noch nicht geboren, saßen wir gemeinsam beim Abendbrot am Tisch, als mein ältester Sohn plötzlich unerwartet, während er sein Brot kaute, zusammenzuckte und sagte: „Hast du gesehen, Papa? Da hat es geblitzt!“

„Ein Blitz? Wo?“ Ich hatte keinen Blitz gesehen, und konnte mir ein Gewitter auch nicht vorstellen, denn der Himmel war bis vor wenigen Minuten völlig klar und wolkenlos gewesen; es hatte kein Anzeichen für Blitz und Donner gegeben.

Etwa so lange wie Sie jetzt gebraucht haben, um den letzten Satz zu lesen, brauchte es damals, bis wir den Donner vernahmen. Doch das war kein klassisches Donnergrollen. Es war vielmehr ein Riesenrums, der unsere beiden Fensterscheiben zur Terrasse, jeweils rund vier Quadratmeter groß, wie zwei mächtige Segel im Wind flattern ließ. Ich übertreibe nicht. Wir sahen es anhand des Lichtscheins der Esstischlampe, der sich in den Scheiben spiegelte. Es sah tatsächlich danach aus, als ob die Fensterscheiben zerbersten und sich gleich auf unserem Parkett in Abertausend Scherben verteilen würden.

Da wir an diesem Januarabend den Kamin angeheizt hatten, stand die Terrassentür einen Spaltbreit auf, damit Frischluft nachströmen konnte und es durch die Ofenhitze nicht allzu heiß wurde. Vermutlich war es diesem Umstand geschuldet, dass die beiden Scheiben den Rums überlebten – denn ich ahnte etwas. Das, was da auf die Scheibe getroffen war und durch den Türspalt hindurchmusste, war eine Druckwelle gewesen.

Wir starrten uns alle einen Augenblick lang an. Meine Frau schaltete als Erste. Sie meinte, es sei gut, jetzt mal rasch zu beten, dass nichts Schlimmes passiert sei.

Gute Idee. Beten hilft immer. Ausnahmslos. Diese Erfahrung hatte ich schon x-mal gemacht und mindestens genauso oft wieder vergessen. Meist vergesse ich es dann, wenn sich die Ereignisse überschlagen.

Anschließend schalteten wir das Radio ein und suchten den Lokalsender. Nur einen Augenblick später erklärte uns eine Stimme aus dem Radio, was sich soeben in unserer Stadt zugetragen hatte: Im Stadtteil Laar hatte es eine gewaltige Explosion im Kraftwerk von ThyssenKrupp gegeben. Ein Ereignis, das es in dieser Form in Duisburg noch nicht gegeben hatte. Später titelten Zeitungen Schlagzeilen wie „Feuerhimmel über Duisburg“ und „Explosion in Gaskraftwerk“.

Im Verlauf des Abends klingelte bei mir zu Hause das Telefon. Ich wurde für den rückwärtigen Dienst an diesem Abend in die Feuerwache gerufen. Als ich gegen 22 Uhr zur Ablösung eines anderen Kollegen dort eintraf, war der Einsatz aus Sicht der Feuerwehr bereits weitgehend abgeschlossen. Was blieb, waren die Geschichten, die Erlebnisse, die Augenzeugenberichte von Kollegen, die den Einsatz live erlebt und – Gott sei Dank – überlebt hatten.

Der Rums war in Duisburg weiträumig zu hören gewesen. Ein nennenswerter Teil der Fassade des Kraftwerks, das Kuppelgase aus der Stahlherstellung sowie Kokereigase zur Stromgewinnung verbrennt, war durch eine Gasexplosion einfach weggesprengt worden. Die Wucht der Detonation war so gewaltig, dass zahlreiche Trümmerteile mehrere Hundert Meter weit geschleudert wurden. Die Straßen waren übersät mit Glassplittern. Autos sowie Dächer und Fensterscheiben der umliegenden Gebäude waren schwer beschädigt. Einer meiner Kollegen erzählte mir später, nachdem er die Eindrücke weitgehend verarbeitet hatte, dass die Szenerie auf der Anfahrt zur Einsatzstelle einem Bombenangriff glich: Überall lagen Steinbrocken, Mauerteile und Scherben. Ich sah später Fotoaufnahmen davon, eine schockierte mich besonders; sie machte mich aber auch dankbar: Ein Pkw, der mitten auf der Straße stand, war durch einen großen Gesteinsbrocken praktisch komplett zerquetscht worden.

*Was machen Feuerwehrleute, wenn sie so etwas sehen?* Wir gehen zunächst vom Schlimmsten aus und nehmen an, dass noch ein oder vielleicht sogar mehrere Personen im Fahrzeug sitzen und vermutlich schwer verletzt sind. Doch hier war dies nicht der Fall. Niemand saß mehr im Auto. Der Fahrer war, bitte fragen Sie mich nicht wie und warum, rechtzeitig genug aus seinem Fahrzeug gestiegen und hatte anderswo erfolgreich Schutz gefunden. Unzählige Trümmerteile lagen auf den Straßen rund um das Kraftwerk und hätten als schwere Geschosse Menschen ernsthaft verletzten oder sogar töten können.

In der Presse war am nächsten Tag zu lesen, dass im Kraftwerk „Hermann Wenzel“ durch die Wucht der Explosion ein Millionenschaden entstanden sei, dass aber Menschen nach Angaben der Feuerwehr bei der Explosion nicht verletzt wurden. Es wurden zwar einige Anwohner wegen Reizung der Atmungsorgane vorsorglich ärztlich untersucht, stärker verletzt wurde aber niemand.[2] Gott sei Dank!

Ich persönlich stufe dieses Erlebnis als eines der eindrücklichsten aus der Reihe „Gebet kann was!“ ein. Sehr oft habe ich in den vergangenen Jahren an jenen Januarabend 2001 denken müssen. Gebete sind keine frommen Floskeln, keine auswendig gelernten Phrasen, sondern letztlich schlichte Bitten an den Schöpfer dieser Welt, er möge bitte genau *jetzt* etwas unternehmen, das dem Wohle der Menschen dient, die im Mittelpunkt des Gebets stehen.

Ich habe in der Zwischenzeit aufgehört mitzuzählen, wie oft Gebete auf geradezu wundersame Weise erhört wurden oder wie sich Situationen, die ausreichend viel Potenzial hatten, aussichtslos zu sein, durch ein einfaches Gebet eine beinahe unfassbare Wendung erhielten. Und damit meine ich nicht berufliche Erlebnisse, sondern das Leben ganz allgemein.

Im Licht der Bibel betrachtet ist das kein Wunder, sondern eher eine logische Folge aufgrund der Anwendung einer biblischen Wahrheit, die im Neuen Testament im Philipperbrief nachzulesen ist: *„Macht euch um nichts Sorgen! Wendet euch vielmehr in jeder Lage mit Bitten und Flehen und voll Dankbarkeit an Gott und bringt eure Anliegen vor ihn“* (Philipper 4,6; NGÜ).

Wir dürfen das, was uns beschäftigt, vor Gott bringen. An ihn sogar abgeben. Doch viele Menschen sehen in einem Gebet nur den letzten Schritt. Die Ultima Ratio, wenn gar nichts mehr geht. Schade.

Was aber, wenn Gott einfach nur von uns gebeten werden möchte? Wenn er bloß darauf wartet, dass wir zu ihm kommen?

Später wurde ein Sprecher vom Konzern ThyssenKrupp in der Zeitung mit den Worten zitiert: „Wir sind froh, dass es keine Verletzten gegeben hat, man kann wirklich von Glück sprechen.“

Für mich war das die Nachricht des Tages. Ja, man kann es Glück nennen. Persönlich bin ich der Überzeugung, dass es am Ende sogar Bewahrung war, weil ein Gebet, initiiert durch meine Frau, an diesem Abend gesprochen wurde.

„Hast du gesehen, Papa. Da hat es geblitzt!“, so begann die Geschichte, und mit den Worten „Man kann von Glück sprechen“ endet sie.

Glück oder Gebet? Oder: Glück und Gebet? Mit Sicherheit hatte das Gebet einen nennenswerten Anteil am glücklichen Ausgang dieses schweren Unfalls.

# 8.
# Ein herrliches Unwetter

Für mich als Kind waren Sommergewitter mit Blitz, Donner und Starkregen besonders eindrückliche Erlebnisse. Binnen kürzester Zeit regnete es. Eine Unmenge an Wasser kam vom Himmel herab. Meine Mutter sagte mal, wenn der Regen so stark ist, dass er Blasen wirft, dann kommt so richtig was runter. Ob solche Bauernregeln der Meteorologie nun standhalten oder nicht, kann ich nicht sagen. Tatsache ist, Starkregen heißt nicht ohne Grund so und vermutlich denkt niemand beim Anblick überlaufender Regenrinnen, Straßen und sich bedrohlich füllender Keller als Erstes an ein herrliches Naturschauspiel wie bei einem wunderschönen Sonnenuntergang. Und dennoch ist die Herrlichkeit der Schöpfung darin vorhanden. Nach christlichem Verständnis hat Gott *die* Wasser geschaffen. Er trennte das Wasser des Himmelsgewölbes von dem Wasser, das die Erde bedeckte (vgl. 1. Mose 1,7). Blenden wir also Unwetter nicht aus, wenn wir an die Natur und die Schöpfung denken? Dass es neben unserem wohlgefälligen Natureindruck mit unseren Lieblingsfarben noch einen anderen gibt, der ebenso zum Leben dazugehört? Und sind wir nicht versucht, selbst Gott in einer für uns angenehmen Wohlfühlsicht wahrnehmen zu wollen?

Die Bibel bringt Naturereignisse wie Starkregen auf eine sehr einfache Formel. So schreibt der Psalmist: *„Die Himmel verkünden die Herrlichkeit Gottes"* (Psalm 19,2). Ja, das tun sie. Jedoch erobern interessanterweise meist nur solche Wolken-, Licht- und Himmelskonstellationen unsere Herzen, die das friedliche, windstille, harmonische Element hervorheben. Wir mögen den Himmel gerne in Orange, tiefrot oder knallblau – ohne sich auftürmende graue Wolken. Diese Farben sind weniger beliebt. Genauso wenig wie Gewitterwolken, Starkregen, Sturm und Hagel. Sie finden in der Idealvorstellung des Himmels so recht keinen Platz – zumindest der Begriff

„Herrlichkeit Gottes“ wirkt in diesem Zusammenhang eher störend oder missverständlich. Doch geht man nach dem Psalmisten verkünden *die* Himmel die Herrlichkeit Gottes, ganz gleich, welches Wetter gerade herrscht.

Starkregen – in einem Sommer vor vielen Jahren war es mal wieder so weit. Nach einigen schwülwarmen Tagen öffneten sich in den späten Abendstunden die Schleusen des Himmels und es regnete wie schon lange nicht mehr. Das Ganze wäre nicht weiter erwähnenswert, schließlich passiert so etwas heutzutage in den Sommermonaten immer öfter, doch ich möchte von einer Begebenheit erzählen, die sich direkt vor unserer Haustür abspielte.

Wissen Sie, die Straße, in der wir als Familie leben und an der mit uns die Nachbarn ihre Häuser platziert haben, ist wie eine Badewanne geformt. Bei starkem Regen füllt sie sich gleich von mehreren Seiten mit Wasser. Als wenn das nicht genug wäre, schwächelte lange Jahre auch die Kanalisation unterhalb der vierspurigen Hauptstraße und katapultierte gelegentlich als deutliches Zeichen ihrer Überforderung den einen oder anderen Gullydeckel aus der Fassung. Das dadurch entstandene Loch sorgte nicht für einen schnellen Ablauf der Wassermassen, sondern für das Gegenteil: Wasser aus der Kanalisation wurde hochgedrückt und flutete (im buchstäblichen Sinne) die Straße zusätzlich. Dieser Mix an „Undichtigkeiten“ sorgte schließlich dafür, dass ein wahrer See entstand. Und nach Ablauf des Wassers dokumentierte stets am nächsten Tag ein sichtbarer Dreckrand die erreichte und für alle Anwohner eventuell rekordverdächtige Pegelhöhe.

In eben jener Nacht regnete es auch, und zwar lange und sehr viel. Genau genommen zu viel für die Kräfte der Feuerwehr, denn Hunderte Anrufer versetzen auch die leistungsfähigste Feuerwehr irgendwann in den Ausnahmezustand, sodass man überlegen und entscheiden muss, welcher Einsatz höher eingestuft wird als ein anderer. Eine undankbare Aufgabe, darüber urteilen zu müssen, welcher Einsatzort dringend und notwendig Hilfe braucht.

Irgendwann in dieser Nacht klingelte unser privates Telefon neben dem heimischen Bett. Wach war ich durch das laute Prasseln des Regens auf unsere schrägen Dachfenster sowieso. Außerdem war ich gerade erst zurück von meinem „Kontrollgang“ durch unser Haus. Ich hatte mich vergewissert, dass unsere Kids ruhig schliefen und alle Fenster dicht verschlossen waren. Mehr oder weniger beruhigt (eher weniger) legte ich mich wieder ins Bett und versuchte mir keine Sorgen zu machen. Genau aus diesem Gedankengang riss mich aber nun der Anruf eines Kollegen aus der Leitstelle:

„Jörg, wir brauchen dich hier in der Leitstelle. Duisburg ist Land unter.“ In wenigen Worten war alles gesagt. Mein erster Blick ging aus unserem Giebelfenster, von dem aus ich in die „Badewannenstraße“ blicken, doch vor lauter Regen und Dunkelheit nicht viel erkennen konnte. Ich wollte nur herausfinden, ob ich noch trockenen Fußes durch die Fluten hinüber zur Feuerwache gehen könnte oder ob das Wasser bereits knöchelhoch den Gehweg überspülte.

In Unkenntnis über die Lage entschied ich mich für die praktischste Lösung: kurze Hose, Socken in die Hosentasche, Schuhe und Schirm in die Hand. Mein Plan war es, mich nach meinem Fußweg durch die Wassermassen anschließend in der Feuerwache abzutrocknen und umzuziehen. Regen geht nur bis auf die Haut, es gab also kein Problem. Das dachte ich zumindest. Aber ich sollte mich täuschen!

Nachdem ich unser Haus verlassen hatte, rannte ich nach vorne zur Straße und ging dabei an unserer kompletten Nachbarschaft vorbei, die bereits sehr aktiv gegen die Fluten kämpfte. Der Blick einer Nachbarin war derart verzweifelt, dass ich einen Moment innehielt und das ganze Drama zu Gesicht bekam: Die Souterrainwohnungen waren komplett überflutet! Das Wasser von der Straße lief im hohen Bogen durch die Fenster hinein und hatte keinen Respekt vor den Schlaf- und Kinderzimmern im Untergeschoss. Meine Nachbarn kämpften weitgehend aussichtslos gegen nicht endende Wasserflüsse. Trotzdem packten alle mit an, niemand stand nur einfach da.

„Tu was!", erging ein Appell an mich, der ich nun rüber zur Feuerwache ging. Eine Aufforderung, unseren Nachbarn so schnell wie nur möglich Hilfe zu schicken.

Bereits nach wenigen Metern erwies sich mein toller Plan (kurze Hose, Socken in der Tasche) als wenig durchdacht. Das Wasser auf der Straße stand tatsächlich hüfthoch. Kein Scherz! So schritt ich – links den Schirm, rechts meine Schuhe in der Hand – durch das Dreckwasser, um irgendwie zur Feuerwehr zu gelangen. Dort angekommen warf ich mir trockene Klamotten über – außer den Socken, denn die waren klitschnass geworden, obwohl sie in meiner Hosentasche waren. Egal!

In der Leitstelle herrschte reges Treiben. Die Telefone standen nicht still, am Funk ging es drunter und drüber, überall das Stimmengewirr meiner Kollegen und vor mir ein Stapel an Zetteln, ausgefüllt mit Adressen, zu denen meine Kollegen fahren sollten, um dort die Keller auszupumpen. Sofort nahm ich einen leeren Zettel, schrieb die Adresse meiner Nachbarn drauf und markierte den Zettel mit einer großen „1", als Priorisierung für „sehr wichtig – sofort abarbeiten". Am Ende dauerte es noch eine ganze Weile, bis endlich ein

Löschfahrzeug mit Pumpen und ausreichend Personal vor der Tür meiner Nachbarin erschien, um zu versuchen, dem Wasserchaos ein Ende zu bereiten.

Irgendwann klingelte mein Handy. Meine kleine Tochter war dran und erklärte mir, dass auch bei uns Wasser in den Keller reingekommen war. Keller bedeutete für uns: in mein Büro, also quasi in den Wohnraum. Das war nicht gut. Es hatte sich den Weg durch die Fensterdichtung in den Raum gesucht. Ich brauchte meiner Tochter nicht zu erklären, dass Handtücher, sehr viele Handtücher eine gute Möglichkeit seien, das eindringende Wasser etwas aufzuhalten.

„Papa, das mache ich schon die ganze Zeit!", lautete ihre logische und zugleich leicht genervte Antwort.

„Und wo ist Mama?", wollte ich wissen.

„Die ist bei den Nachbarn. Ich glaube, die saufen total ab." Das taten sie tatsächlich, und zwar so richtig. Schließlich war ich erst Minuten zuvor live dabei gewesen.

Meine Lage sah in dem Moment bescheiden aus: Ich hatte vier kleine Kinder zu Hause, und zwar allein; eine Ehefrau, die unseren Nachbarn half; eine komplette Nachbarschaft und halb Duisburg unter Wasser. Das alles war nicht gut. Aber was sollte ich machen?

Natürlich ist einem das Wohlergehen des eigenen Heims wichtig, aber bei der Feuerwehr sehen die Prioritäten auch schon mal anders aus, wenn es der Allgemeinheit dient. Was sollte ich auch machen? Die Handtücher lagen vor den Fenstern, mein Computer würde es entweder überleben oder auch nicht und am Ende müssten wir eh ordentlich aufräumen, den Keller trocken legen, tapezieren und irgendwann würden wir über dieses ganze Desaster lachen. Aber jetzt war noch nicht irgendwann. Und zu lachen war jetzt kein guter Plan. Erst recht nicht auf der Wache.

Keine Ahnung, wie viele Stunden am Ende der ganze Unwettereinsatz dauerte und wie groß die Zahl der Einsätze war, die meine Kolleginnen und Kollegen in dieser Nacht abarbeiteten. Wir nahmen alle Hilfeersuchen der Bürger auf, tippten sie entweder in den Einsatzleitrechner ein oder schrieben sie direkt auf einen Zettel. Bei einer solchen Vielzahl an Einsätzen wie in dieser Nacht ist Handarbeit immer noch die beste Methode. Zettelwirtschaft hat auch was Gutes. Wir priorisierten, hefteten die Zettel nach Ortsteilen zusammen und gingen diese dann nach und nach durch. Heutzutage verfügen wir als Feuerwehr über eine Software, die als Unterstützung für solche Lagen einen unschätzbaren Vorteil bietet.

Als ich schließlich in den späten Morgenstunden nach Hause ging, erblickte ich das ganze Ausmaß der Nacht. Die Unterführung, die auf meinem Heimweg liegt, muss etwa gut einen Meter unter Wasser gestanden haben. Jedenfalls zeugte der Dreckrand am Mauerwerk von diesem Wasserstand. Als ich am Haus unserer Nachbarn vorbeikam, sah ich noch reichlich Schläuche, die aus den unteren Etagen ins Freie führten. Das durch die Wassermassen entstandene Chaos war beachtlich. Und in den folgenden Stunden und Tagen wuchs der Sperrmüllhaufen bei uns in der Straße. Kinderbetten, Teppiche, Regale und zahlloses anderes Mobiliar waren durch das Wasser komplett unbrauchbar geworden.

*Die Himmel verkünden die Herrlichkeit Gottes.* Zugegeben, offensichtlich scheint der durch das nächtliche Unwetter entstandene Schaden mit diesem grundsätzlich guten und biblischen Gedanken überhaupt nicht oder nur schwer vereinbar zu sein. Warum ist das so? Vielleicht, weil Leid und Not nicht in unser Gottesbild passen. Weil wir unter Gott nur den freundlich lächelnden, eventuell senilen Mann verstehen, dem die Fäden der Welt schon vor langer Zeit aus den zittrigen Händen geglitten sind. Doch dieses Bild ist nicht nur sehr trügerisch und hochmütig, es ist auch komplett falsch!

Unwetter dieser Art dienen meiner Ansicht mehr der Einsicht, dass wir eben nicht alles im Griff haben. Sogar Versicherungen sprechen von der „höheren Gewalt", also eben jenen Einflüssen, die kein Mensch wirklich beeinflussen oder effektiv verhindern kann. Sie finden zwar oft als sogenannte Elementarschäden ihren Platz in den Tiefen des Kleingedruckten, doch auch Versicherungsleistungen sind nicht unerschöpflich, sodass am Ende der Einzelne im schlimmsten Fall auf seinem Schaden sitzen bleibt. Wenn dann „nur" das Hab und Gut buchstäblich den Bach runterging, bleibt aber das Leben. Und genau hier findet sich der kleinste gemeinsame Nenner zwischen den Aussagen der Bibel und mir: Es geht bei Gott meines Wissens nicht um das, was ich besitze, sondern um deutlich mehr – um das, was ich bin. Auch wenn es niemand will oder zugeben kann, so sind solche Extremsituationen hilfreich, sich seiner eigenen Rolle in dem Ganzen bewusst zu werden, um am Ende vielleicht wirklich zu erkennen, dass Gott es ist, der alles im Griff hat und mein kleines Leben aktiv verändern und gestalten möchte.

Der Schaden war am Ende korrigierbar. Die Nachbarn hatten wochenlang Handwerker, Trocknungsmaschinen und auch Versicherungsvertreter im Haus. Eine anschließend errichtete kleine Mauer erschwert seitdem ein nochmaliges Eindringen von Wasser ins Untergeschoss. Außerdem wurde seitens der Stadt die Kanalisation buchstäblich aufgebohrt, um den Durchsatz an Regenwasser zu erhöhen und die Wahrscheinlichkeit zu verringern, dass wir noch mal so absaufen.

Heute erinnern nur noch ein paar Bilder an diese Katastrophe in unserer Straße. Wie auch nun diese Geschichte. Und während ich diese Zeilen schreibe, ist mir erneut klar geworden, dass ich zwar schon reichlich viel in meiner Eigenschaft als Feuerwehrangehöriger gesehen und erlebt habe, doch die unmittelbare Betroffenheit deutlich größer ist, wenn Menschen, Freunde, Nachbarn aus dem direkten Umfeld die Leidtragenden sind. Oder gar die eigene Familie in Mitleidenschaft gerät.

Über die Schöpfung in den verschiedensten Facetten zu staunen – sei es der Sonne bei ihrem Aufgang mit offenem Mund zuzuschauen, dem Lichtspiel folgen, welches dieselbe Sonne am Abend präsentiert, vorzugsweise am Meer oder in den Bergen –, ist genial und fotografisch nur mit Mühe festzuhalten, weil einfach die dritte Dimension in einem zweidimensionalen Bild fehlt. Logisch! Und doch versuchen wir es immer wieder, um den Eindruck von Gottes Größe zu konservieren und damit irgendwie jederzeit reproduzierbar zu machen. Jeder kennt solche Bildkonserven, jeder besitzt sie und die allermeisten staunen jedes Mal, wenn sie Derartiges sehen oder erleben.

Unwetter üben nur dann eine vergleichbare Begeisterung auf uns aus, wenn wir uns in einem sicheren und möglichst trockenen Abstand zu dem Geschehen befinden.

Wir haben beide Größen nicht im Griff – das Schöne an der Schöpfungsgewalt wie das Bedrohliche. Genau hier schließt sich der Kreis.

# 9.
# Die weißen Riesen

Vermutlich ist vielen, die in den 80er-Jahren aufgewachsen sind, noch der Begriff „Weißer Riese" bekannt – als Name eines Waschmittels. Doch um den Weißmacher soll es in den nun folgenden Zeilen nicht gehen. Vielmehr ist die Rede von einem Wohnpark, sechs weiße Hochhäuser mit je 20 Etagen zuzüglich zweier Untergeschosse im Stadtteil Duisburg-Hochheide. Korrekterweise spricht man also von den „Weißen Riesen"[3].

Diese Gebäude waren bereits Schauplatz von etlichen Feuerwehreinsätzen, meist mit glücklichem Ausgang. Jedenfalls ist mir kein tragisches Ereignis bekannt. Aber was bedeutet das? Tragisch. Aus welcher Sicht? Aus Sicht der Bewohner, der Nachbarn oder letztlich der Einsatzkräfte?

Die Häuser hatten in den vergangenen Jahren viele wechselnde Mieter erlebt. Bei manchen Gebäuden blieb es stets ruhig, da gab es nie großen Stress. Andere hingegen entwickelten sich zu echten Problemfällen und ihre Adresse für uns als Feuerwehr zu einer richtigen Stammkundschaft. Heute stehen die meisten der „Weißen Riesen" leer; eigentlich sollten sie bereits der Abrissbirne zum Opfer fallen. Dass sie noch immer da sind, liegt daran, dass man nicht mal eben mehrere Gebäude mit 20 Etagen dem Erdboden gleichmachen kann. So etwas will gut geplant und sicher ausgeführt werden.

Als die Häuser noch bewohnt waren, führten wir notgedrungen und regelmäßig „Hausbesuche" in den problematischen Gebäuden durch. Grund war meistens die unsachgemäße Betätigung der auf allen Etagen angebrachten Druckknopfmelder, deren Signal direkt in die

Leitstelle der Feuerwehr Duisburg geschaltet kam. Hatte jemand sie gedrückt, wurde eine ganze Kette aufeinanderfolgender Ereignisse ausgelöst, angefangen bei der Alarmierung gleich mehrerer Löschzüge der Feuerwehr, und zwar der ehrenamtlichen wie beruflichen, bis hin zur Begehung der Lage durch weitere Fachkräfte anderer Ämter.

Für einen ehrenamtlichen Feuerwehrangehörigen bedeutete die Alarmierung jedes Mal: weg vom Arbeitsplatz, schnell zum Feuerwehrgerätehaus, sich dort umziehen, ins Löschfahrzeug steigen und abfahren. Anschließend schlängelt man sich gemeinsam mit den Kräften der Berufsfeuerwehr durch den Verkehr (unter Verwendung von Martinshorn und Blaulicht), riskiert dabei Unfallgefahren, nur um letzten Endes vor Ort feststellen zu müssen, dass es weder Rauch noch Feuer gab, also partout keinen Grund für die Betätigung des Druckknopfmelders. Dennoch wurde, um überhaupt zu diesem Schluss zu kommen, alles erst einmal von uns erkundet. Und zwar ohne Aufzug. Etwas, das angesichts eines Laufs beziehungsweise „Aufstiegs“ im Treppenhaus über 19 Etagen nun wirklich keine Freude macht; man ist anschließend völlig aus der Puste. Der Frust über das Ganze potenziert sich dann noch, nachdem man festgestellt hat, dass man sich all die Mühe nur aufgrund eines Dummejungenstreichs gemacht hat.

Versuchen Sie sich einmal in unsere Lage zu versetzen. Stellen Sie sich vor, Sie müssten in kompletter Montur inklusive einer Atemluftflasche auf dem Rücken, also ca. 25 Kilogramm Gepäck, über das Treppenhaus hoch in den 19. Stock spurten. Und das nicht nur einmal, sondern mehrmals. Ich sage Ihnen, das ist anstrengender als ein Halbmarathon, den ich schon einmal bei tropischen Temperaturen in der Hochebene von Uganda gelaufen bin.

Ich kann mich noch sehr gut an jene Dienstschicht erinnern, in der wir insgesamt neunmal auf diese Weise bei den „weißen Riesen“ vorgeführt wurden. Das erste Mal nimmt man die Sache noch sehr ernst, das zweite und dritte Mal auch. Danach wird es langsam, aber sicher nervig. Und trotzdem: Wir mussten jedes Mal hin. Es hätte ja sein können, dass eben diese Alarmierung tatsächlich genau diejenige ist, für die ein wahrer Auslöser gegeben war. Also fuhren wir immer und immer wieder zu den Häusern hin. Allerdings fingen wir irgendwann an, die Zahl der Fahrzeuge, die hinfuhren, zu reduzieren, um angesichts der Streiche und Fehlalarmierungen wenigstens hier etwas Maß an Aufwand zu halten.

Es ist wenig verwunderlich, dass so langsam, aber sicher, nachdem wir schon einige Male an diesem Tag angerückt waren, ein Bedürfnis nach Gerechtigkeit sich breitmachte. Wir fingen schon an zu überlegen, wie wir die Person oder Personen, die für die Alarmierungen verantwortlich waren, in flagranti erwischen könnten, denn auch die stets mitalarmierte Polizei schien hilflos zu sein.

Als ich dann beim achten oder neunten Mal über Funk den Hinweis erhielt, man habe den Verursacher gesehen, blitzte kurz Hoffnung auf. Auf meine Frage, wie er denn aussehe, erhielt ich die nüchterne Antwort meines Kollegen: „Schwarze Haare, Lederjacke.“ Eine wenig ergiebige Täterbeschreibung, die zugleich auf gefühlt endlos viele Menschen passt. Ob der eine oder andere Kollege, der diesen Funkspruch mithörte, darin den Witz des Tages vermutete, weiß ich nicht. Diese Täterbeschreibung bescherte mir damals trotz allem ein Lächeln.

Wir rückten nach dem Funkspruch erneut unverrichteter Dinge ein und waren letztlich für den Rest des Tages froh, dass nach neun Einsätzen nun tatsächlich Schluss war mit den Fehlalarmierungen. Wir wurden nicht noch mal gerufen. Jedenfalls nicht an diesem Tag. Offensichtlich hatte die schwarzhaarige Person mit Lederjacke dann keine Lust mehr; das „Spiel" schien selbst sie zu ermüden.

Bei allem Ärger über so viel Torheit bringt mich diese „Alarm-für-gar-nichts-Nummer" ins Nachdenken. Auch wenn der Volksmund und die Bibel sagen: „Not lehrt beten", verhalte ich mich in Bezug auf Fehlalarmierungen gar nicht so viel besser. Wie oft bete ich zu meinem Gott, meinem Helfer in der Not, und bitte ihn um Dinge oder für Umstände, die sich ausschließlich um mich drehen, mir einen Vorteil verschaffen oder ein kleines Zipperlein beseitigen sollen? In meiner Vorstellung kommt Gott dann angerast, stellt sich vor mich und fragt noch einmal genau nach, wo denn jetzt mein Problem sei. Doch ich habe mich in der Zwischenzeit längst aus dem Staub gemacht, nicht versteckt, aber das eigene Gebetsanliegen vielleicht vergessen, und bringe damit eine Geringschätzung Jesus gegenüber zum Ausdruck, obwohl er alle meine Alarmierungen stets ernst nimmt und sich rund um die Uhr, 24 Stunden am Tag, sieben Tage die Woche, für mich einsetzen will.

Wie oft dreht sich mein Leben nur um mich? Wie oft zeige ich Gott in allererster Linie mein Problem auf und begreife gar nicht, dass es auch noch eine Welt außerhalb meines kleinen Bereichs gibt? Im Brief des Jakobus heißt es dazu:

*„Ihr tut alles, um eure Gier zu stillen, und steht doch mit leeren Händen da. Ihr seid bereit, über Leichen zu gehen, ihr seid erfüllt von Neid und Eifersucht, aber nichts davon bringt euch euren Zielen näher. Ihr streitet und kämpft, und trotzdem bekommt ihr nicht, ‚was ihr wollt', weil ihr euch mit euren Anliegen nicht an Gott wendet"* (Jakobus 4,2; NGÜ).

Solche Worte gehen mir durch Mark und Bein, denn ich stelle an mir selbst fest: Zu oft ist meine Gier nach Leben, nach Bedeutung, nach irgendeiner Form von Bestätigung größer als der Wunsch, aus dieser Parallelwelt auszubrechen, um ein Leben in Einklang mit Gott zu führen. Oder anders gesagt: Ich benehme mich ebenso blöd wie die schwarzhaarige Person mit Lederjacke. Ich drücke den Notrufknopf, indem ich zu meinem puren Vergnügen Gott um eine scheinbare Hilfe bitte, in letzter Konsequenz aber gar nicht die Absicht verfolge, ihn in Anspruch zu nehmen. Ein Gebet – so einfach dahergesagt wie eine Alarmierung ohne Grund. Allerdings ist beiden gemein, dass ein Hilfeersuchen ausgelöst wird mit dem schlussendlichen Signal: Ich brauche dich (ob nun Feuerwehr oder Gott) eigentlich nicht, war alles nur Spaß!

Den Brandmeldeknopf drücken, nur um beobachten zu wollen, wie wir angebraust kommen, scheinbar planlos umherlaufen und unverrichteter Dinge wieder einrücken, so etwas ist kein Spaß. Es kostet Geld, Zeit, birgt Unfallgefahren und sorgt eventuell dafür, dass wir an anderen Orten im Stadtgebiet für reale Einsätze nicht verfügbar sein können, weil wir ungewollt und nicht wissend zu einem

Unterhaltungselement für eine private Bühnenshow missbraucht wurden. Hochhäuser sind leider oft der perfekte Ort für derartige „Unterhaltung". Doch wir als Feuerwehr nehmen jeden Hilferuf ernst. Immer. Und wir leisten immer hundert Prozent. Weil wir den Bürger und seine Not ernst nehmen. Wir zweifeln keine Sekunde daran, dass der Anrufer oder der Druckknopfmeldereindrücker es nicht ernst meint – daher geben wir alles, um schnell, einsatzbereit und gewappnet am Ort der Lage sein.

Selbst angesichts sich wiederholender Fehlalarmierungen nehmen wir eine Alarmierung jedes Mal ernst. Die „Weißen Riesen" beispielsweise besaßen ein enormes Potenzial für Brände – vor allem in den Untergeschossen. Solche Kellerbrände können in vielerlei Hinsicht gefährlich sein. Sie werden schnell sehr heiß und ihr Rauch zieht von unten kamingleich bis in die oberste Etage. Außerdem weiß niemand, weder die Feuerwehr noch die Bewohner, geschweige denn ein Hausmeister, was genau sich alles im Keller befindet. Von der alten Kommode aus Holz über Lackreste bis hin zu Spraydosen und Gasflaschen kann alles dabei sein. Deshalb ist bei Kellerbränden immer besondere Vorsicht geboten.

In diesem Fall hatte der Keller noch eine Besonderheit: Er war zweigeschossig, also der Keller hatte noch einen weiteren Keller. Was oberflächlich betrachtet nicht sehr schlimm klingt, ist in der Praxis eines Feuerwehreinsatzes jedoch von großer Bedeutung. Denn über zwei Etagen mit entsprechend dickem Mauerwerk könnte die Funkverbindung zu den Kollegen, die den Brand löschen sollen, abbrechen, was auf keinen Fall passieren darf. Schließlich könnte es sein, dass ein Kollege sich verletzt oder verunglückt, dann muss gewährleistet sein, dass man sich über Funk verständigen kann, um sofort die Rettung einzuleiten. Glücklicherweise hatte ich in meiner bisherigen Einsatzzeit keinen Notfall, bei dem ein Mitarbeiter in eine derartige Notlage kam.

Zwei Untergeschosse sind letztlich eine herausfordernde Situation. Mit der Zeit fanden wir aber heraus, dass die Lüftungsgitter für die Kellergeschosse bei den „Weißen Riesen“ unterschiedlich angeordnet und unterschiedlich groß waren. Mithilfe dieses beinahe unscheinbaren Details gelang es uns, relativ treffsicher auszumachen, ob sich der Brand im ersten oder zweiten Untergeschoss abspielte. Dementsprechend wurden dann weitere Maßnahmen eingeleitet.

Bei einem dieser Kellerbrände waren wir als Einsatzkräfte dann allerdings einmal mit einem Erlebnis der „besonderen Art“ konfrontiert. Allem Anschein nach muss es weitere Personen gegeben haben, die einen ähnlichen „Humor“ besaßen wie der Lederjackenträger mit schwarzen Haaren. Jedenfalls staunten wir nicht schlecht, als wir eines späten Abends anlässlich einer Alarmierung bei den Häusern ankamen und kurz darauf aus den oberen Etagen mit Gurkengläsern und Bierflaschen beworfen wurden. Kein Witz! Es gab tatsächlich Bewohner, die sich durch unsere Anwesenheit in ihrer Abend- oder Nachtruhe derart gestört fühlten, dass sie ihrem Frust dadurch Ausdruck verliehen, indem sie uns mit Gegenständen bewarfen. Wir suchten sofort Schutz unter dem Vordach des Gebäudes, wickelten den Einsatz so schnell wie möglich ab und rückten wieder ein.

Solche irren und lebensbedrohlichen Situationen sind kaum vernünftig und sachlich zu erzählen; sie müssen aber thematisiert werden. Zwar sind Angriffe oder Übergriffe auf Einsatzkräfte der

Feuerwehr und des Rettungsdienstes nicht neu (dass die Feuerwehr in den Tagen zwischen den Jahren mit Böllern und Raketen beschossen wird, ist fast schon die jährliche und sehr traurige Routine), doch die zunehmende Verrohung gegenüber Einsatzkräften muss aufhören. Eben das hat auch NRW-Innenminister Herbert Reul dieses Jahr in einer „Brandrede“ gefordert.[4]

Dass Feuerwehrangehörige während eines Einsatzes mit Gegenständen beworfen werden, ist eine nicht zu akzeptierende Form von Respektlosigkeit. Leider konnten die Werfer aber damals nicht dingfest gemacht werden.

Mir selbst ist es als Einsatzleiter an eben diesen „Weißen Riesen“ auch einmal passiert, dass mich ein sehr aufgebrachter, besorgter und leicht alkoholisierter Bewohner, nachdem er mich erst verbal attackiert hat, anschließend grob anfasste und mich mit glühenden Augen bedrohte. Sein Kind sei noch in dem Haus und ich müsste es jetzt retten, sagte er. Alle meine Versuche, seine Sorge zu dämpfen, schlugen fehl, sodass ich am Ende als letzte Notbremse die Polizei einschalten musste. Wenig später nahm der Mann unwillig in Handschellen auf dem Rücksitz eines Streifenwagens Platz. Wir arbeiteten den Einsatz professionell und sicher ab. Niemand war verletzt. Wir packten unsere sieben Sachen und rückten wieder ein, zurück zu unseren Feuerwachen.

Zu Beginn des Kapitels habe ich Sie gefragt, ob Sie sich noch an den Namen „Weißer Riese“ erinnern. Für mich persönlich sind die Duisburger „Weißen Riesen“ zu einem Sinnbild für eine vielfältige und nicht immer ganz einwandfreie Feuerwehrarbeit geworden. Manchmal bemisst sich die Vielfältigkeit des Berufes als Feuerwehreinsatzkraft schon an einer einzigen postalischen Adresse.

# 10.
# Der Schlafsaal

Retten, löschen, bergen, schützen – das ist die Profession der Feuerwehr. Dies alles setzen wir pro Jahr im Bereich Feuerschutz und Hilfeleistung einige tausendmal um. Die Aufgaben der Notfallrettung und des Rettungsdienstes sind nicht weniger vielfältig; sie schlagen mit beinahe 100.000 Einsätzen pro Jahr zu Buche. Das ist schon eine beachtliche Zahl.

Unsere „Hausbesuche“ wickeln wir in der Regel schnell und gründlich ab. Meine Kollegen können dabei zwar selten Wunder vollbringen, reißen sich aber stets beide Beine aus, um im Sinne des Bürgers das Bestmögliche zu tun. Nach dem erfolgten Einsatz schließt sich das Einrücken zur Feuerwache an, um wieder startklar für den nächsten Alarm zu sein. Soweit der klassische Ablauf. *Was aber, wenn die eigene Feuerwache die Einsatzstelle ist?*

Am Nachmittag des 31. Juli 2008, es war ein heißer Sommertag, saßen meine Familie und ich zu Hause auf unserer Terrasse und wir genossen die Sonne. Wir wohnten bereits seit einigen Jahren neben der Feuerwache und das entpuppte sich im Hinblick auf die sehr kurze „Spazierzeit“ nach Hause als enormer Vorteil. Als die Kinder noch jünger waren, konnte ich sie, wenn ich im Sommer in meinem Büro das Fenster offen hatte, auf dem nahe gelegenen Spielplatz herumtoben hören. Dass ich meinen Dienst insofern fast als Heimarbeit empfand, ist also nicht übertrieben.

Der besagte Julitag war ein Donnerstag. Ich war zu diesem Zeitpunkt seit etwa drei Monaten im Rahmen einer Zusatzausbildung mehr oder weniger aus dem Büroalltag verschwunden und tourte durch zahlreiche Dienststellen, Kommunen und Ausbildungsstätten der gesamten Feuerwehrrepublik. Da zu Hause zu sein für mich während dieser Zeit eine Seltenheit war, genoss ich umso mehr meinen Feierabend im Kreise der Familie.

Dass in unmittelbarer Nähe unseres Hauses eine Rauchsäule gen Himmel stieg, war mir zunächst nicht aufgefallen. Erst mein Sohn machte mich darauf aufmerksam. Lässig bis gelangweilt analysierte ich dieses für mich gewöhnliche Phänomen und kam zu der Annahme, dass es vermutlich in unmittelbarer Nähe zu einem Pkw- oder Mülltonnenbrand gekommen sei. Ich schlussfolgerte, dass die Feuerwehr nur kurz aus der Tür fahren müsse, um das Problem zu lösen. Dass wir kein Martinshorn hörten, war also dem geschuldet, dass sie daraus nicht viel Aufhebens machen wollten, dachte ich. Letztlich fing ich an, die Rauchsäule zu ignorieren, und ich widmete mich weiter dem Nichtstun in meinem verdienten Feierabend.

Die Rauchentwicklung wurde allerdings stärker und größer. Ohne dass ich es vor meinen Lieben zugegeben hätte, schenkte ich dem Ereignis nun doch gewisse Aufmerksamkeit, verschwieg sie aber. Selbst als mich mein Sohn fragte, ob er mal mit dem Rad kurz dahinfahren dürfe, rutschte mir nur ein gelangweiltes „Klar, mach nur!" heraus. Er schwang sich auf sein BMX-Rad und war bereits um die Ecke, noch bevor ich das zweite Mal aufsah. Ein paar Minuten später war er wieder da und ich als Feuerwehr-Profi erwartete nun die Bestätigung meiner Ferndiagnose. Mit stolz geschwellter Brust und väterlicher Siegessicherheit lauschte ich den Worten meines Jungen, der allerdings versuchte, mir anstatt eines Pkw-, Mülltonnen-, oder sonst kleinen Brandes, ein Feuer in der Feuerwache deutlich zu machen. Ich zweifelte sehr stark an seinen Äußerungen, vermutete eher einen kleinen Streich dahinter und gab mich äußerlich völlig unbeeindruckt. Meine Frau und meine anderen Kids hingegen nahmen seine Schilderungen für bare Münze und konnten ihrer Neugier nicht weiter standhalten. Geschlossen machte sich meine

Familie auf den Weg, um das Schauspiel des Brandes zu beobachten. Ich hingegen verweilte weiter in meinem Feierabend. Ein Brand, also etwas, das irgendwie zu meinem Beruf gehörte, wollte mich jetzt einfach nicht buchstäblich aus dem Häuschen locken. Schließlich wusste ich, dass es genug Kollegen gab, die Dienst hatten und sich schon drum kümmern würden.

Nur wenige Minuten später rollte mein Sohn erneut mit seinem BMX-Rad auf die Terrasse und bat mich „im Namen von Mama" um unseren Fotoapparat. Da wurde es mir doch etwas mulmig zumute. Ich gab ihm wortlos die handliche Kamera und sah ihm noch hinterher, wie er ratzfatz zurück Richtung Rauchsäule fuhr, die in der Zwischenzeit eine beachtliche Größe entwickelt hatte. Damit war nun auch meine Neugier entfacht. Ich schloss unsere Terassen- und Haustür ab und machte mich auf den Weg. Ich ging bloß um ein paar Ecken und wurde von einer Situation empfangen, die ich so schnell nicht mehr vergessen sollte und die eine Feuerwehr nie – wirklich niemals – erleben möchte.

Die eigene Feuerwache stand in Flammen.
*Lichterloh*, wie es das Wort treffend beschreibt.

Aus dem Dachgeschoss des Gebäudes mit vier Etagen drangen dichter Rauch und durch die in der Zwischenzeit geplatzten Scheiben Feuer hervor. Die roten Jalousien hingen völlig zerstört in Fetzen herunter und von mehreren Seiten wurde mittels Strahlrohre versucht, dem Unheil irgendwie Paroli zu bieten. Ziemlich erfolglos. Denn dass es brannte, war das eine. Die andere Sache war, dass meine Kollegen etwas länger zum Löschen brauchten, weil der Zugang zum Brandherd nicht ganz so einfach zu erreichen war. Trifft beides auf die eigene

Feuerwache zu, entsteht daraus eine Faktenlage, die keinerlei Coolness mehr zulässt.

Angesichts der Größe der Rauchwolke und den in der Zwischenzeit im Lokalradio zu hörenden Nachrichten erhöhte sich die Zahl der schaulustigen Bürger vor Ort. Einer davon war ich. Doch entgegen aller anderen konnte ich den Witz an der Sache („Haha, es brennt die Feuerwehr.") nicht teilen. Viele amüsierten sich köstlich darüber, dass die Feuerwehr ihre eigene Wache löschen müsse. Den Witz an der Sache konnte ich angesichts eines Brandes (wo auch immer dieser nun wütet) nicht finden, sodass ich relativ scharf diese Menschen für ihr sehr unsensibles Verhalten rügte. Verständlicherweise mit wenig Resonanz. Mehr war nicht drin. Natürlich hätte ich mich vor der Menschenmenge aufbauen und ihnen wie ein Showmaster zurufen können, dass es eigentlich nichts zu sehen gibt und dass nun alle bitte recht zügig wieder nach Hause gehen sollen – doch wer hätte das getan? Also habe ich anschließend den Mund gehalten und den im Löscheinsatz befindlichen Kollegen insgeheim ausreichend viel Power und Nerven gewünscht, dieses Drama unbeschadet zu überstehen.

Der Einsatz dauerte noch Stunden und endete erst tief in der Nacht. Das Geschehen rief neben zahlreichen Medienvertretern auch die Politik auf den Plan. Selbst der Oberbürgermeister traf ein und erkundigte sich über den Verlauf des Einsatzes.

Glücklicherweise wurde niemand ernstlich verletzt, wenngleich ein Kollege tatsächlich von den eigenen Kollegen zu Beginn des Brandes durch den Einsatz einer Drehleiter gerettet werden musste. Der Treppenraum war nämlich zu diesem Zeitpunkt schon so verraucht, dass er nicht mehr alleine das Gebäude hätte verlassen können. Das muss man sich mal vorstellen ... Dabei hatte es von der Alarmierung bis zum Löscheinsatz nicht einmal eine Minute gedauert.

Die Brandursache ist meines Wissens niemals richtig aufgeklärt worden. Mutmaßungen gab es viele, Beweise dafür nicht. Stattdessen wurde das ganze Gebäude über ein Jahr lang vom Löschwasser getrocknet und anschließend umgebaut, renoviert und wieder bezugsfertig gemacht.

Der Verlust der eigenen Wache hat lange für überregionalen Gesprächsstoff gesorgt. Man schüttelte vielfach den Kopf darüber, wie es denn in einer Feuerwache brennen könne. Die Antwort ist so simpel wie einleuchtend: Ein Feuer kennt keine Feuerwehr und macht keine Unterschiede. Die Naturgewalt eines Brandes, der vielleicht durch einen technischen Defekt entstand, nimmt keine Rücksicht auf die Mieter. Nicht einmal dann, wenn es die Feuerwehr ist.

Nach dem Unglück mussten wir als Feuerwehrangehörige alle etwas näher zusammenrücken. Und das ist wörtlich gemeint. Da ein ganzer Gebäudeteil mit seinen Unterkünften nicht mehr bewohnbar war, musste improvisiert werden. So wurde nun ein großer Versammlungsraum durch einfache und nur halbhohe Stellwände abgeteilt, sodass dort die auf der Wache diensthabenden Kollegen die Nacht verbringen konnten. Auf diese Weise wurde während der Renovierung und mit dem Motto „*Wer jemanden schnarchen hört, ist zu spät eingeschlafen*" der Dienstbetrieb aufrechterhalten.

Kann man aus diesem Ereignis nun eine Lehre ziehen? Ich denke, man sollte immer aus den Wegen und Ereignissen des Lebens Schlüsse ziehen. Wer das nicht tut, bleibt auf der Stelle stehen und wird sich nicht weiterentwickeln.

Henry Ford soll gesagt haben: „Wer immer tut, was er schon kann, bleibt immer das, was er schon ist." Insofern dienen selbst solche Engpass-Situationen, die scheinbar zum Nachteil aller sind, als Bereicherung. Jedenfalls war das bei mir so, denn wenige Wochen nach diesem Ereignis verschlug es mich im Rahmen meiner Fortbildung zu einer großen deutschen Berufsfeuerwehr. Dort wollte mir der Chef der Hauptwache den großen Schlafsaal zeigen. Er ahnte nicht, was er mir für einen Gefallen damit tun würde. Als es so weit war, durfte ich tatsächlich einen Blick riskieren in einen großen Saal, der mit unzähligen Betten bestückt war, die jeweils zu viert eine Art Schlafinsel um die Säulen im Raum bildeten. Wände? Fehlanzeige. Meine Frage, ob die Kollegen keinen Stress damit hätten, blieb mir im Hals stecken, ich wollte ja niemanden in Verlegenheit bringen.

Umstände sind also immer eine Frage der Sichtweise. Lass ich mich von ihnen beherrschen oder beherrsche ich die Umstände? Und bin ich bereit, etwas auf mich zu nehmen, um voranzukommen?

Deutlicher und eindrücklicher als dieser große und offen gehaltene Schlafsaal hätten das Bild und die damit verbundene Lektion für mich nicht sein können.

# 11.
# Die Loveparade-Katastrophe

*Freitag, 23. Juli 2010 gegen 16 Uhr, Hauptbahnhof Karlsruhe.* Vor etwa einer Stunde war ich noch an unserem diesjährigen Urlaubsort, etwa zwanzig Minuten Autofahrt von Karlsruhe entfernt. Noch rasch eine letzte Umarmung meiner Kinder und meiner Frau, ein jugendliches „Hau rein! Bis Sonntag!" und schon stehe ich allein auf dem Bahnsteig und warte auf meinen Zug, der mich nach Duisburg bringen wird. Der Gedanke, jetzt den Urlaub zu unterbrechen und nach Hause fahren zu müssen, nervt mich. Nichts will wirklich meine Laune bessern.

Vor gut einer Woche fuhren meine Frau Claudia und ich mit unseren vier Kindern, die Jüngste war gerade mal sechzehn Monate alt, in unserem vollbepackten Familienvan von Duisburg in den Nordschwarzwald. Wir starteten in unseren gemeinsamen Jahresurlaub, der jedoch kein Urlaub werden sollte – weder vor der heutigen Unterbrechung noch danach.

Seit einigen Jahren treffen wir uns mit etlichen befreundeten Familien Jahr für Jahr hier, um gemeinsam eine stets unbeschwerte und erholsame Urlaubszeit in einem christlichen Freizeithaus zu verbringen. Doch dieses Jahr kam alles anders. Ganz anders.

Seit Beginn des Urlaubs war in meinem Kopf ein Ereignis allgegenwärtig: die Loveparade (LoPa), die morgen in Duisburg stattfinden soll. Für die Besucher ein Techno-Megaevent, für uns als Kräfte der Stadt Duisburg ein Einsatz der Extraklasse in bisher nicht gekannter Größenordnung. Das bedeutete für uns als Feuerwehr von Anfang an Urlaubssperre. Keine Ausnahme. Alle mussten ran.

Die Vorbereitungen für diese Veranstaltung liefen schon seit vielen Monaten auf Hochtouren. Ich war während der Loveparade für den Einsatz im Stab der Feuerwehr vorgesehen. Nicht alleine versteht sich, aber zeitweise in leitender Position. Daher lief in den Wochen vor der Veranstaltung schon immer derselbe Film vor meinem inneren Auge ab, wie dieser Tag für mich ablaufen sollte:

Die Loveparade flutet als Riesenparty das Duisburger Stadtgebiet und nimmt so alles in Beschlag, was diese Stadt an einem Samstag normalerweise ausmacht. Im Detail lassen sich meine Gedanken und Vorstellungen über Duisburg am 24. Juli 2010 kaum beschreiben, doch im Wesentlichen sind es die Aufgaben im Stab der Feuerwehr. Ich erwarte zig Stunden in voller Konzentration, ehe ich spätabends für eine Übernachtung nach Hause komme. Erschöpft, aber froh falle ich ins Bett und erhole mich im Schlaf. Am nächsten Sonntagmorgen gieße ich rasch alle Blumen, ich lüfte einmal kurz durch und mache mich anschließend gut gelaunt auf in Richtung Bahnhof, um zurück zu meiner Familie zu fahren und mit ihr den restlichen Urlaub zu verbringen.

Ein Film mit Happy End. So habe ich mir das Ganze vorgestellt.

Und vermutlich haben sich viele andere auch – Besucher, Planer, Einsatzkräfte – einen wunderschönen Festivaltag in Duisburg vorgestellt, nach dem jeder erschöpft und glücklich zurückkehrt in seinen Alltag.

So habe ich es mir gewünscht.

So kam es aber nicht.

Das Happy End der Loveparade blieb aus; es fehlt bis heute und wird auch niemals kommen.

Der Bahnhof Karlsruhe holt mich in die Wirklichkeit zurück. Eine, der ich jetzt am liebsten entfliehen möchte, denn wer unterbricht schon gerne seinen Urlaub? Ich muss. Noch mit dem Film im Kopf greife ich zu meinem Handy und rufe einen Kollegen an. Wir beide werden uns morgen die Aufgaben im Stab der Feuerwehr teilen. Ich dachte, es sei eine gute Idee, ihn über meinen aktuellen Gemütszustand zu informieren. Wie man das eben so macht, wenn man etwas frustriert ist und jemandem sein Herz ausschütten will. Eigentlich möchte man in diesem Moment ja nur, dass jemand Anteil nimmt an der eigenen Gefühlslage, doch ich spüre, dass mich das jetzt sowieso nicht erreichen würde. Am liebsten wäre mir ja, mein Kollege würde am Ende sagen, ich könnte entgegen all meiner Erwartungen tatsächlich im Schwarzwald bleiben, die Loveparade sei abgesagt. Allein diese Vorstellung malt mir ein beruhigendes Lächeln ins Gesicht. So wäre ein echter Wunschtraum in Erfüllung gegangen. Ging er aber nicht. Es war eben nur ein Traum.

Mit dem Zug zu fahren ist so gar nicht nach meinem Geschmack. Und solche Zugfahrten, die aus dem Urlaub mit meiner Familie wegführen, erst recht nicht. Andererseits weiß ich um meine dienstlichen Verpflichtungen, um meine Arbeit und Verantwortung bei der Feuerwehr. Wir sind ein sehr großes und gutes Team, in dem jeder sein letztes Hemd geben würde, um anderen zu helfen. Bei der Feuerwehr zu sein ist mehr als ein Beruf und mehr als ein Dienst. Man lebt eine tiefe Überzeugung. Es fühlt sich wie ein Stück Familie an, in der es natürlich auch mal Zoff gibt, die aber letztlich zusammenhält, wenn es drauf ankommt.

Gegen 20 Uhr rollt mein Zug im Duisburger Hauptbahnhof ein. Jedes Mal, wenn wir als Familie mit dem Auto aus dem Urlaub zurückkehren, gibt es bei uns ein Ritual: Am Autobahnkreuz Kaiserberg – unserer Ausfahrt von der A3 – öffnen wir alle Fenster und das Schiebedach und atmen tief das erste Mal seit langer Zeit wieder

Duisburger Luft ein. Wir atmen sie nicht ein, weil wir sie für so sauber halten, nein, wir tun es, weil sie nach unserem Zuhause riecht. Die benachbarten Ruhr-Auen und die große Allee auf dem Weg nach Hause verströmen diesen Duft von Heimat. Das klingt vielleicht irgendwie komisch, aber für uns gehört es einfach dazu.

Als ich an dem Abend mit dem Zug nach Hause komme, war dieses Ritual nicht umzusetzen. Logisch, denn die Fenster eines ICEs lassen sich nun mal nicht öffnen. So atme ich nach dem Aussteigen als Erstes die U-Bahn-geschwängerte Luft am Hauptbahnhof ein. Und zugegeben, das ist nun wirklich kein angenehmer Heimatduft, bestenfalls unangenehmer „Stallgeruch". Mit ihm stellt sich bei mir das Gefühl, nach Hause zu kommen, so gar nicht ein und bessert meine Schwermut nicht wirklich. Voller Selbstmitleid trotte ich durch den Ostausgang zum Taxistand. Dort erblicke ich bereits die Vorboten der Loveparade: riesige Gerüste, die aussehen wie überdimensionale Lautsprecheranlagen. Sie scheinen mich anzugaffen und lassen mich wissen, dass hier in wenigen Stunden so richtig die Post abgehen wird. Zum ersten Mal verspüre ich eine Art Glücksgefühl darüber, dass meine Teenagerkinder jetzt im Schwarzwald sitzen und morgen nicht dabei sein werden. Wenigstens etwas Gutes hat dieser Termin mitten im Sommerurlaub und ihren Ferien.

Das Taxi bringt mich nach Hause. Das leere Haus empfängt mich mit einem Atmosphärenmix aus Einsamkeit und Sicherheit. In der Küche stehen noch die beiden Tassen des letzten Kaffees, den meine Frau und ich kurz vor unserer Abreise vor einer Woche noch getrunken haben. Kein Kindergeschrei, kein Rufen, kein Zoff. Das Haus wirkt nicht nur leer, es ist leer. Und ich merke an mir selbst, mir fehlt an diesem Abend die sonst so typische Ruhe. Nachdem ich mal in alle Etagen und Zimmer einen Blick geworfen und alle Fenster zwecks

Frischluft geöffnet habe, setze ich mich mit einem kühlen Bier auf die Terrasse. Ich rufe noch kurz meinen Bruder an, der morgen als Fotograf den Einsatz der Feuerwehr und die Veranstaltung begleiten wird. Danach gehe ich zeitig ins Bett, denn morgen früh muss ich hoch konzentriert und pünktlich auf der Feuerwache im Stabsführungsraum sein.

*Samstag, 24.07.2010, 6 Uhr.* Mein Wecker schrillt. Spätestens jetzt ist jegliche Form von Urlaubsgefühl, das ich mit meiner Familie im Schwarzwald hatte, vollständig neutralisiert. Der Tag der Loveparade beginnt. Ausnahmezustand in Duisburg. Ich ziehe meine Uniform an und nehme ein kleines Frühstück zu mir. Noch einen Kaffee und ab geht's zur Feuerwache. Dort herrscht bereits reges Treiben. Ich mache mich auf den Weg in den Stab der Feuerwehr, der Einsatzleitung, die an diesem Tag für den Brandschutz zuständig und mein Arbeitsplatz sein wird.

Um 8 Uhr findet die erste Lagebesprechung statt. Viele Kolleginnen und Kollegen sowie Angehörige anderer Hilfsorganisationen sind ebenfalls im Raum und lauschen gespannt den Ausführungen meines Kollegen, der den Lagebericht gibt. Im Grunde gibt es jetzt nur einen knappen Status quo der Vorbereitungen, verbunden mit den Planungen des Tages. Niemand ahnte zu diesem Zeitpunkt, welche dramatische Wende dieser Tag noch nehmen werde und wie sich die analogen und digitalen Geschichtsbücher dieser Welt um Berichte dieses Unglückstages noch füllen würden.

Die Loveparade beginnt. Tausende Veranstaltungsbesucher haben sich auf diesen Tag gefreut und Hunderte, ja, Tausende Einsatzkräfte aus den Bereichen Rettungsdienst, Polizei, Feuerwehr und Hilfsorganisationen haben sich auf diesen Tag vorbereitet, um eine

Aufgabe gigantischen Ausmaßes zu meistern. Von rund einer Million erwarteten Besuchern war im Vorfeld die Rede. Eine Anzahl, die ich mir nie vorstellen konnte. Ich erinnere mich daran, wie ich ein paar Monate vor dem Ereignis die DVD eines Konzertes von Michael Jackson mit einem Kollegen nur deswegen in das Laufwerk meines Bürocomputers schob, um ein Gefühl für die Menschenmasse zu erhalten. Und während wir uns damals die ersten Minuten des Konzertes sozusagen zu Schulungszwecken anschauten, fragten wir uns unabhängig voneinander, wie viele Konzertbesucher das wohl sind, die wir da auf dem Monitor sahen. Nach kurzer Recherche wussten wir, es waren *nur* rund 70.000. Also ein Klacks verglichen mit den erwarteten Menschenmassen in Duisburg.

Es waren Momente wie diese, die bereits im Vorfeld sowie auch am Karlsruher Hauptbahnhof am Abend zuvor meinen Puls in die Höhe schnellen ließen. Doch ich sollte noch erfahren, dass mein Leben einen deutlichen Knacks mit weitaus mehr Begleiterscheinungen als einem hohen Puls bekommen sollte. Meine Lektion hieß „Trauma“. Ein Begriff, den ich bisher nur weniger belastungsfähigen Menschen zuschrieb, denn für mich selbst hatte diese Form der psychischen Belastung noch nie eine Rolle gespielt.

*Samstag, 24.07.2010, etwa 15 Uhr.* Die Loveparade nimmt Formen an. Besucher kommen und gehen. Das Festivalgelände ist erst dünn besucht. Ich selbst bin etwa um diese Uhrzeit mit drei weiteren Kollegen in einem Pkw mal hingefahren, um mir das Treiben aus der Nähe anzuschauen. Ich weiß noch, wie ich dachte, dass es ja ziemlich leer und harmlos aussieht.

An dieser Stelle telefonierte ich in meiner Pause kurz mit meiner Frau. Bei ihr war alles bestens – Urlaub eben. Andererseits litt sie schon mit mir, das konnte ich an ihrer Stimme hören. Aber wir beide haben schon so manches Abenteuer erlebt, sind gemeinsam durch viele Lebensabschnitte durch und haben als Menschen, die sich auf Gott verlassen, vielleicht hier und da eine andere Sichtweise, zumindest aber eine andere Hoffnung auf den Ausgang der Dinge. Jedenfalls war uns beiden am Telefon klar, dass die Situation zwar gerade einigermaßen blöd ist, aber eben nicht änderbar sei. Durch solche Situationen muss man durch. So haben wir es immer gehandhabt und so gingen wir es auch hier mit unserer Lebenserfahrung an. Die Situation, wie sie nun war, galt es zu meistern. Doch nur wenige Stunden später sollte sich meine Sicht auf die Umstände radikal ändern.

Nach meiner Pause übernahm ich wieder den Dienst im Stab der Feuerwehr. Im Stabsführungsraum roch es nach belegten Brötchen und abgestandenem Kaffee. Ein Team des städtischen Presseamtes war gerade zugegen. Ich mag keine Kameras, jedenfalls nicht in solchen Situationen. Deshalb war ich sehr froh, als dieser Medienrummel kurze Zeit später wieder vorüber war. Wir verfolgten auf den Leinwänden und anhand von Lagekarten den Verlauf der Loveparade mit. Teils waren es Livebilder, teils waren es Lagedarstellungen, zusammengesteckt aus zahlreichen Magnetschildern. Jedes dieser Schildchen stand dabei für ein Fahrzeug oder gleich eine ganze Fahrzeuggruppe von eigenen wie externen Feuerwehrkräften. Bis zu diesem Zeitpunkt musste nur das „Tagesgeschäft“ abgewickelt werden. Auch wenn Duisburg für die Loveparade im Ausnahmezustand war, so musste die Versorgung aller anderen Bürger sichergestellt sein, um zu jeder Zeit, an jedem Ort, mit allen erforderlichen Kräften zu Hilfe kommen zu können. Das ist der grundsätzliche Leitspruch einer jeden Feuerwehr, Rettungsdienst- oder Hilfsorganisation. Genauso hatten wir hier die Lage für Duisburg geplant.

Bisher lief alles einwandfrei, zumindest war mir nichts anderes bekannt.

*Es war etwa gegen 16:30 Uhr*, als ich den Eindruck hatte, die Veranstaltung eskaliert. Auf einer Videoleinwand sehen wir bewegte Bilder der Kamera eines Polizeihubschraubers. Nahaufnahmen. Personen, die rennen. Es sieht so aus, als ob sie einen Bahndamm hochlaufen, andere klettern auf irgendwelche Masten. Ich kann den genauen Ort zunächst nicht erkennen. Mir wird mulmig.

Von diesem Moment an überschlagen sich die Ereignisse. Ereignisse, deren schreckliche und tragische Bilder an diesem Tag durch die Nachrichten und um die Welt gehen. In den Berichten tauchen Worte auf wie Katastrophe, Gedränge, Massenpanik, Fehlplanung. Erst später wird das ganze Ausmaß der Katastrophe deutlich: 21 Tote, 650 Verletzte und viele bis heute traumatisierte Menschen.

Den detaillierten Hergang dieser Minuten und Stunden kann ich nicht mehr chronologisch skizzieren. Ich weiß nur, dass ich nach langer intensiver Stabsarbeit eine SMS meiner Frau erhalten habe, die mir einen Bibelvers schickte: *„Keinen Ausweg sehend, aber nicht ohne Ausweg!“* Ein Satz aus dem 2. Korintherbrief.

Ich musste in dem Augenblick weinen. Ich war völlig fertig. Mit mir, mit der Veranstaltung, mit der Welt, einfach mit allem. Das Schlimmste, das hätte passieren können, aber niemals hätte passieren dürfen, war eingetreten. Menschen sind gestorben. Die genaue Anzahl war zu diesem Zeitpunkt noch nicht klar – doch eines stand fest: Jeder gestorbene Mensch ist einer zu viel.

Gegen drei Uhr morgens ist für mich das erste Mal wieder so etwas wie Pause. Ich verlasse das Gelände der Feuerwache für ein paar Minuten, um kurz nach Hause zu gehen. Ich möchte nur kurz das Gefühl haben, in Sicherheit zu sein. Normalität zu spüren. Die eigenen vier Wände, den Geruch der eigenen Wohnung, selbst das Geräusch des Lichtschalters zu Hause, alles das vermittelt mir für einen Moment das Gefühl von Geborgenheit. Doch dann fällt die Wohnungstür hinter mir ins Schloss und ich weiß in diesem Moment nicht, was ich eigentlich hier soll.

Plötzlich kommt mir der Satz meiner Frau in den Sinn, dass ich möglichst einmal alle Blumen gieße. Gesagt getan. Morgens um drei Uhr. Mit den Nerven blank. Blumen gießen. Natürlich!

Ich spüre an mir selbst, dass mein Körper nur noch im Funktionsmodus ist. Ruhe geht nicht. Erholung passt gerade nicht ins System. Und weil mir die ganze Situation im eigenen Zuhause zu schwierig wird, gehe ich wieder zurück in die Feuerwache und mache bis nach fünf Uhr weiter. Dann wieder zurück nach Hause – diesmal endgültig. Nach nicht ganz 24 Stunden hoch konzentrierter Arbeit bin ich einerseits total erschöpft, andererseits derart voller Adrenalin, dass ich kaum schlafen kann. Zwei Gläschen Hochprozentiges aus irgendeinem noch vorhandenen Spirituosenfläschchen reichen aus, um leichter in den Schlaf zu finden. Vor dem Einschlafen bete ich noch, ich versuche Jesus die Situation irgendwie zu erklären. Eine Situation, die er, das weiß ich, sowieso schon kennt und aus mir nicht bekannten Gründen zugelassen hat. Mit diesem Gedankenwirrwarr schlafe ich ein.

Gegen 8 Uhr, nur drei Stunden später, tönt der Wecker. Mit dem Einverständnis meiner Vorgesetzten darf ich am Sonntagmorgen wieder mit dem Zug in den Urlaub zurück. Mich umgibt ein mir bisher unbekanntes Gefühl aus Scham und Angst, als Mitarbeiter der Stadt Duisburg erkannt zu werden. Ich schämte mich wirklich zutiefst, Teil dieser Veranstaltung gewesen zu sein und nichts an deren Verlauf verändert zu haben. Ich spürte, wie mir das Gefühl von Schuld anhaftete. Auf meinem Weg durch den Hauptbahnhof zu dem Bahnsteig sehe ich zahlreiche Personen in Rettungsdecken im Bahnhof liegen. Gestrandete Festivalbesucher, die nicht mehr wegkamen. Menschen, die wie Treibgut im Bahnhof an den Rand gespült wurden und nun versuchen, irgendwie doch noch nach Hause zu kommen. Die Bilder erinnern mich an schlechte Endzeitfilme aus Hollywood. Doch leider sind diese Bilder brutale Realität. Sie sind zu hart für mich. Ich versuche, irgendwie mit Tunnelblick zu meinem Gleis zu kommen und verstecke mich hinter einer versteinerten Gesichtsfassade.

Erst seit der Loveparade-Katastrophe glaube ich, erahnen zu können, was ein Trauma wirklich ist. Vorher war ich als Besserwisser immer der Meinung, man müsse die Brust raus tun und sich gegen ein sogenanntes Trauma stellen, dann wird das schon vergehen. Speziell wenn Männer solche „Ich kann nicht mehr"-Geschichten erzählten, regte sich in mir selten Mitleid, sondern meist eine Art Geringschätzung. Als Christ war ich lange Zeit der Ansicht, dass in einer persönlichen Beziehung mit Gott solche Gemütszustände zwar vorkommen können, aber durch ein intaktes Gebetsleben korrigierbar sein müssten. Erst durch die Loveparade und mein eigenes Erleben weiß ich nun, wie stark verwundbar die menschliche Seele ist. Ich schäme mich für meine Großtuerei damals, für meine stets vollmundigen Ratschläge an Menschen in meinem Umfeld, die Rat suchten und den sie zumindest bei mir nicht fanden, sondern stattdessen von mir verbal Prügel bezogen – denn Ratschläge können eben auch Schläge sein.

In meinem Abteil angekommen greife ich mir zwei Zeitungen. Die riesigen Überschriften über die Katastrophe in Duisburg lassen mich vor Schock erstarren. Sie treffen mich, so als ob ich nicht wüsste, was passiert sei. Und die Texte sind die Verschriftlichung einer nächtlichen Katastrophe, in der ich mich wie ein Zahnrad fühlte. Eines, das irgendwie klemmte oder zumindest den Sand im Getriebe nicht verhindern konnte. Ich versuche, möglichst nicht aufzufallen, denn ich habe den völlig irren Eindruck, dass man mir trotz meiner Zivilkleidung ansieht, dass ich von der Duisburger Feuerwehr bin. Es fühlt sich so an, als klebte Blut an meinen Händen. Ich schäme mich und ich weiß gar nicht mit der Situation umzugehen.

Die Stunden der Zugfahrt, in denen ich versuche, mein Herz bei Gott auszuschütten, vergehen. Ich packe meine Bibel aus und versuche die richtigen Verse zu finden. Das klappt aber nicht. Die gelesenen Buchstaben rauschen durch mein Hirn, ohne dass ich auch nur einen Bruchteil davon abspeichern kann. Schlafen geht auch nicht. Also starre ich aus dem Fenster und versuche das Erlebnis zu verdrängen. Klappt genauso wenig. Das alles wiederholt sich, bis ich schließlich nach rund vier Stunden in Karlsruhe aus dem Zug steige.

Meine Frau berichtet mir später, ich sei am Anfang wie ein Stein gewesen. Auf Fragen, wie es mir gehe, ob ich Hunger habe, müde sei oder sonst etwas, hätte ich wohl keine gescheite Antwort geben können. Ich weiß nur, mein einfaches „Ich weiß nicht“ war die stereotype und inhaltlose Antwort, die eigentlich ausdrücken wollte: „Ich kann nicht mehr. Hilf mir aus dieser schrecklichen Situation heraus!“

Etwa 20 Minuten später bin ich wieder am Urlaubsort. Ein Ort, den ich vor 48 Stunden verlassen hatte. Mir kommt es jetzt so vor, als wären es Wochen gewesen. Alle Freunde und Familien hatten von dem katastrophalen Unglück erfahren. Sie wussten, dass ich jetzt kommen würde. Auch meine Kinder warteten. Doch ich fühlte mich wie ein Zombie. Ich wollte nicht reden, ich wollte nur meine Ruhe, fand diese aber nicht. Ständig ging mein Blick auf das Display meines Smartphones. Hat mich jemand versucht anzurufen? Gibt es Neuigkeiten aus der Presse? Erst spät am Abend, als es sehr unwahrscheinlich wurde, dass mich noch jemand anrufen könnte, fand ich langsam in die Ruhe hinein. So ging es Tag für Tag.

Drei Tage später kam ein guter Freund von mir, der eigentlich schon den Urlaub beendet hatte, erneut zu mir in den Schwarzwald gereist, um an meiner Seite zu sein. Wir saßen nebeneinander und schwiegen.

Keine Ahnung, wie lange das so ging. Doch plötzlich brachen bei mir alle Dämme und ich weinte, wie ich es noch nie oder zumindest seit Kindertagen nicht mehr getan hatte. Ich ließ die Tränen laufen. Ich machte mir Vorwürfe, schämte mich, war wütend und enttäuscht. Und ich hatte Angst. Ein Gefühlscocktail, der mir unbekannt war.

Irgendwann war es dann gut. Keine Tränen mehr. Alles war rausgeweint. Die Tanks waren leer. Doch im Rückblick war genau das der Beginn meiner inneren Heilung. Bevor wir an dem Tag auseinandergingen, beteten wir. Wir legten alle Gedanken, alle Sorgen, alle Unwägbarkeiten vor Gott ab, wir vertrauten uns ihm wie Kinder an.

Noch heute bin ich absolut sicher, dass dieser Schritt einige Risse in meine massiven Gedankengebäude brachte und damit zum Einsturz verhalf, die mir bis dahin den Blick auf Jesus verstellten – wenn auch sehr zaghaft und in extrem kleinen Schritten mit reichlich

Rückschlägen. Aber für mich war es der Beginn einer neuen Zeitrechnung.

Danach habe ich unendlich viel mit meiner Frau darüber gesprochen. Sie war und ist nicht nur meine geliebte Ehefrau, sondern mir eine wahrhaftige Freundin, Trösterin und Ermahnerin zugleich. Unzählige Male hat sie in den Monaten danach versucht, mich wieder aufzubauen, wenn ich mal wieder völlig fertig mit den Nerven war. Für gewöhnlich geschahen solche Rückschläge immer dann, wenn die Zeitung mal wieder eine Schlagzeile über die Loveparade veröffentlichte. Es waren rückblickend gesehen schwere Monate.

Für meine Kollegen, die leider keinen Urlaub zu dieser Zeit hatten, war das Ereignis vom 24. Juli 2010 noch lange nicht vorbei. Sie hatten die Mammutaufgabe, die Trauerfeier eine Woche später mit zu planen, zu organisieren und befürchteten eine erneute Katastrophe. Nach einem gescheiterten Einsatz geht man einfach nicht zur Tagesordnung über und macht weiter. Meine Kollegen waren traumatisiert, vermutlich überfordert und kämpften sich still und beharrlich durch die schweren Anforderungen einer noch schwereren Zeit.

Ein Meer aus Kerzen und der Geruch von Wachs empfingen uns, nachdem wir als Familie wieder aus dem Urlaub nach Duisburg und direkt zum Loveparade-Tunnel fuhren. Der Tunnel war komplett gesperrt. Wir parkten irgendwo in einer Nebenstraße, weit genug weg, um etwas Abstand zu haben. Meine älteste Tochter und meine Frau wollten unbedingt hier hin. Ich selbst hätte darauf gut verzichten können, andererseits wollte ich dabei sein. Noch bevor wir das Auto verließen, schärfte ich den beiden ein, dass auf keinen Fall laut erwähnt werden sollte, dass ich bei der Feuerwehr arbeite. Zu groß war immer noch die Scham.

Die Atmosphäre war gespenstisch. Wir gingen durch den dunklen und nur durch den Schein Tausender Kerzen erleuchteten Tunnel bis zu der eigentlichen Stelle, an der 21 Menschen ihr Leben verloren. Die Treppe, die damals auf nahezu allen Pressebildern zu sehen war, war der Mittelpunkt des Interesses aller Anteilnehmenden. Neben Kerzen hingen dort und an den Absperrzäunen Plakate empörter Bürger über das Verhalten der Stadtoberen und über den Veranstalter. Zugleich spiegelten unzählige Kondolenzbekundungen und das stets große Wort *Warum?* die Fassungslosigkeit der Menschen in Worten wider. Niemand hatte eine Antwort.

Ende 2010 und Anfang 2011 wurde ich, wie viele andere meiner Kollegen auch, von der Polizei vernommen. Dagegen ist jeder Tatort am Sonntag ein Witz. Stundenlang Rede und Antwort stehen, sich erinnern müssen und irgendwann nicht mehr zwischen dem unterscheiden können, was ich selbst erlebt habe und dem, was ich in der Zeitung gelesen hatte. Man kennt ja das Gefühl, wenn man im Straßenverkehr in eine Polizeikontrolle kommt. Reflexartig wird auf den Tacho geschielt und im Kopf läuft der ganze Fragenkatalog ab, mit dem man nach eigenem Fehlverhalten forscht, damit man sich dem Ordnungshüter gegenüber irgendwie rechtfertigen kann. So ähnlich – nur extrem viel schlimmer – waren die Termine bei der Kriminalpolizei in Duisburg und in Köln. Mal abgesehen davon, dass ich noch nie im Leben in der Rolle des Befragten war, machte ich mir Gedanken, was ich denn ganz persönlich hätte anders machen können, um diese Katastrophe zu verhindern. Eine durch und durch absurde Frage, die jeder sachlichen und vernünftigen Grundlage entbehrte.

Aber um Sachlichkeit ging es nach einem solchen Erlebnis wie dem der Loveparade für mich persönlich nicht mehr. Denn hier waren Emotionen im Spiel, es wurden Schuldgefühle produziert, die in meiner eigenen seelischen Zerrissenheit idealen Nährboden fanden.

Oft habe ich mir die Frage gestellt, was denn mein Beitrag zu einer Minimierung oder Verhinderung des Schadens hätte sein können, ja mehr noch, sein müssen. Viele Male sprach ich mit meiner Frau über diese Gedanken, versuchte mich von diesem Knoten in Hirn und Herz frei zu machen, doch stets stellte mir meine Frau diese eine, aber entscheidende Frage: „Was hättest du anders gemacht, wenn du für jede deiner Entscheidungen stundenlang Zeit zum Nachdenken gehabt hättest?" Und meine Antwort war ebenso stets dieselbe: „Nichts!"

Wir als Feuerwehr und Rettungsdienst haben mit allen anderen Hilfsorganisationen das Maximale gegeben, um Schaden abzuwenden. In 21 Fällen leider vergeblich. Und genau diese Tatsache nagt an meiner Seele, produziert Zweifel und Schuldgefühle. Mit diesem Emotionscocktail in eine Vernehmung zu gehen, erfordert innere Stabilität, die aber nicht vorhanden ist. Ich sah mich plötzlich in einer Abwärtsspirale gefangen.

Mehrere Monate lang fand ich keine innere Ruhe, ich hatte einen Pulsschlag als Ruhepuls, den mancher Jogger am Ende eines fünf Kilometer langen Trainingslaufes hat. Und als es besser zu werden schien, kam meist wieder irgendeine Pressemeldung in die Zeitungen oder Online-Redaktionen, die zwar keine substanziellen Nachrichten, sondern eher den informatorischen Nährwert einer aufgewärmten Fast-Food-Mahlzeit hatten. Hauptsache das Thema war in den Schlagzeilen. Und mein Puls schoss jedes Mal beeindruckend durch die Decke.

So ging es fast vier Jahre lang. Ende 2014 fand dann zu meiner großen Überraschung die Kehrtwende in meiner Seele statt. Solche Änderungen im Denken, in der Wahrnehmung bisheriger Seelenmuster sind nicht plötzlich einfach da, so wie ein Sonnenaufgang. Es war ein schlichtes Komma, das mein Denken radikal änderte.

Als Leser legt man vielleicht an dieser Stelle zu Recht die Stirn in Falten. Würde ich vermutlich auch tun. Wahrscheinlich würde ich noch einen Schritt weiter gehen und den Schreiber dieser Zeilen für verrückt erklären. Was war mit mir passiert?

Ich war zu diesem Zeitpunkt seit über zwanzig Jahren Christ. Mit 26 Jahren hatte ich in meiner studentischen Single-Bude eines Tages vor meinem Bett gekniet und Gott für mein verkorkstes Leben um Vergebung gebeten. Das war damals der Beginn eines neuen Lebens. In den Jahren danach lernte ich Menschen kennen, die ebenfalls eine solche Entscheidung getroffen hatten. Ich begann die Bibel zu lesen und war überrascht, was ich dort las. Von da an begann für mich ein Leben in gedanklicher Freiheit. Doch mit dem 24. Juli 2010 hatte sich etwas in meinem Leben quergestellt. Es fühlte sich an, als hätte jemand die einzige Brücke zu Jesus abgerissen und ich müsse nun auf ewig am falschen Ufer des Lebens mein Dasein fristen.

Doch einen Vers hatte ich in den Wochen und Monaten nach der Loveparade zu buchstabieren gelernt:

*„Macht euch keine Sorgen! Ihr dürft in jeder Lage zu Gott beten. Sagt ihm, was euch fehlt, und dankt ihm! Dann wird Gottes Friede, der all unser Verstehen übersteigt, eure Herzen und Gedanken bewahren, weil ihr mit Jesus Christus verbunden seid“* (Phillipper 4,6–7).

Wie oft hatte ich diesen Satz bereits gelesen, ihn aber nicht verstanden, zumindest nicht praktisch anwenden können. Es war das Ausrufezeichen nach dem ersten Satz, das mir diesen Bibelvers erklärte. In anderen Bibelübersetzungen findet sich ein Komma und der Satz geht mit einem *sondern* weiter. Das ist ein winziges Detail, das mir aber das Verständnis für die biblische Aussage ermöglichte. Es geht nicht darum, das eine zu lassen und gegen etwas im gleichen Atemzug zu tauschen. Es geht nicht darum, eine Pflicht zu erfüllen, damit sich etwas anderes erfüllt. Gott verlangt kein „Wie du mir, so ich dir!" Es geht nicht um das „Sondern mache dies und das". Es geht darum, dass die Bibel mir hier klipp und klar zu verstehen gab, dass meine Sorgen letztlich der völlig falsche Weg waren.

Sich keine Sorgen zu machen, ist nicht einfach. Vor allem nicht, wenn es einen als Anweisung erreicht. Es klappt nur in der Kombination mit den Worten, die danach folgen, die sich mit dem Frieden Gottes beschäftigen, denn genau diesen brauchte ich, brauche ich immer noch und werde ihn immer brauchen. Niemals und für nichts in dieser Welt möchte ich auf diesen Frieden verzichten. Er ist es, der all unser menschliches Verstehen übersteigt.

Genau hier lag für mich der Schlüssel. Nachdem ich das verstanden hatte, war der Knoten endlich geplatzt, auch wenn es noch reichlich Zeit beanspruchte, bis ich wieder einen vernünftigen Ruhepuls bekam, ja mehr noch, bis ich ohne Aufregung eine neue Presseberichterstattung lesen konnte.

Zum Jahreswechsel 2014/15 machte ich den Test und las mir Presseartikel durch, die ich bis dahin noch nicht kannte. Ruhepuls normal, kein Schweißausbruch. Ich war offensichtlich über den Berg.

Mein Wunsch ist es, dass alle direkt Betroffenen, Angehörige, Verletzte, Hinterbliebene ebenfalls irgendwie eines Tages Frieden in dieser ganzen Sache finden können. Ob der Gerichtsprozess, der gefühlt der größte in der Geschichte Deutschlands seit der Nachkriegszeit ist, hierfür eine beschwichtigende Rolle spielt, kann ich nicht beurteilen. Viele Menschen sagen, dass es ihnen um Gerechtigkeit geht, um die Klärung der Schuldfrage, um das Gesicht, in das man nach dem Prozess schauen und sagen kann, wie groß das eigene Leid über den Verlust eines geliebten Menschen ist.

Die Frage nach der Schuld ist bei vielen Menschen das vorherrschende Fragezeichen beim Thema Loveparade. Es muss doch einen geben, der für dieses Unglück verantwortlich ist, dem alle Schuld zugesprochen wird, der für diese Schuld lange – vermutlich sehr lange – hinter Schloss und Riegel verschwindet. Es ist vielleicht ein „Überlebensprinzip“, Schuld zu ermitteln, herauszukristallisieren und zu personalisieren, weil es Genugtuung mit sich bringt.

Meine ganz persönliche Meinung dazu sieht etwas differenzierter aus. Das Schlüsselwort für eigenen Frieden heißt Vergebung. Ein Wort, das zwar schnell ausgesprochen, aber sicher oft nur schwer gelebt werden kann, denn Vergebung erfordert einen anderen Blick, eine völlig neue Ausrichtung auf die Vergangenheit.

Auch wenn es etwas schroff klingt und mancher jetzt vielleicht die Augenbrauen hochzieht oder die Stirn in Falten legt, aber meine ganz persönliche Überzeugung ist darin begründet, dass Vergebung kein Kunstwort bleibt, um einen Satz irgendwie fromm zu machen, sondern dass es sich um einen lebendigen Begriff handelt, der durch Jesus Christus Gestalt, ein Gesicht und eine Nachhaltigkeit erfährt, die wir dringend brauchen. Er selbst hat sich für schuldig erklärt. Schuldig für Dinge und Umstände, die er doch letztlich nicht zu verantworten hatte. Schließlich war nicht er es, der Menschen umbrachte, Leid zufügte, Betrügereien beging oder sonst irgendwie aus der göttlichen Rolle fiel. In Jesus ist Gott zur Person geworden, hat sich den Menschen gleichgemacht, sich verantwortlich erklärt und am Kreuz die ganze Schuld dieser Welt auf sich genommen. Und auch wenn dieses Kreuz schon längst abgebaut wurde, so bleibt Jesu Tat *bis* heute gültig!

Vergebung als geistliches Seelenmedikament ist bei Gott erfreulicherweise in unbegrenzter Menge vorhanden. Es liegt am Ende bei mir, ob ich die tägliche Dosis nehme, um eine eigene Genesung zu erleben. Zeit alleine heilt eben nicht alle Wunden. Damit meine eigenen traumatischen Gedanken ihre Kraft verloren, war es auch mir verordnet, Vergebung zu üben. Und an vorderster Stelle musste ich mir selber vergeben.

Zugegeben, auch nach so vielen Jahren wirkt der Begriff Loveparade auf mich – und vermutlich auf alle meine Kollegen – noch immer erschreckend. Ob sich daran jemals etwas ändern wird, weiß ich nicht. Mein persönliches Ziel ist es aber, dass mich die Erinnerungen und Erlebnisse nicht dominieren. Sie dürfen mich begleiten, aber nicht beherrschen. Vergebung übertönt das Gebrüll dieser Emotionen. Und so soll es auch bleiben.

Am Abend des 23. Juli 2018, also exakt acht Jahre nach dem Start meiner persönlichen Loveparade-Geschichte, merke ich jedoch, wie präsent alle Erinnerungen noch sind, obwohl ich zwischendurch den Eindruck hatte, es sei nun alles gedanklich und emotional geordnet. In den ganzen Jahren nach dem Ereignis hatte ich stets darauf geachtet, dass ich am 24. Juli nicht zu Hause, nicht in Duisburg und am besten noch nicht einmal in Deutschland bin. Das hat sieben Mal sehr gut funktioniert.

In diesem Jahr machte die familiäre Urlaubsplanung einen Strich durch die Rechnung. An diesem sehr heißen Sommerabend hatte ich 24-Stunden-Dienst. Am Abend gehe ich noch mal in die Leitstelle – nicht alleine wegen dienstlicher Interessen, sondern auch, weil dort einer der wenigen klimatisierten Bereiche ist. Der Sommer 2018 war echt heiß. Irgendwo im Hintergrund liefen bei meinem Versuch, Abkühlung zu finden, die Lokalnachrichten auf einem Fernseher. Der Moderator sprach von der „Nacht der 1.000 Lichter". Diese Nacht ist seit der Katastrophe von 2010 ein wichtiger Teil der Trauerzeremonie, die jedes Jahr stattfindet. Also auch heute, an meinem Dienst-Tag. Jetzt. In diesem Augenblick.

Überrascht und einigermaßen entschlossen setzte ich mich also abends gegen 22 Uhr in meinen Kommandowagen und fuhr Richtung Loveparade-Tunnel. Der war abgesperrt. Aus Rücksicht und Respekt vor den Angehörigen, damit diese in Ruhe die Trauerfeier erleben und Anteil nehmen konnten. Und dieses Mal dachte ich, dass ich es schaffe und dabei sein kann. Nach so vielen Jahren wird die Erinnerung schon keinen Stress mehr in mir anrichten. Sehr zielstrebig steuerte ich den Parkplatz eines nahe gelegenen Supermarktes an, stellte den Motor ab und verschloss den Wagen. Auch wenn mein Feuerwehr-Outfit nur aus einer blauen Hose und einem blauen Poloshirt bestand, so war ich eindeutig durch das sehr präsente Wappen am Shirt als städtischer Mitarbeiter zu erkennen. Mit reichlich Anspannung machte ich mich auf den Weg zum Tunnel, der nach etwa zweihundert Metern den Blick auf die Gedenkstätte freigibt. Nachdem ich die Sperre am Tunnelkopf, die von Sicherheitspersonal besetzt war, passierte, wurden meine Schritte zögerlicher. Nach rund 30

Metern hielt ich an. Mein Puls war auf dem besten Wege, durch die Decke zu gehen. Ich hätte niemals gedacht, dass mich der Versuch, diese Nacht der 1.000 Lichter zu besuchen, derart aus dem Tritt bringen könnte. Und das wortwörtlich. Mit derselben Entschlossenheit, die mich vom Auto bis hier in den Tunnel gebracht hatte, machte ich kehrt, sodass ich bereits nach wenigen Sekunden wieder meinen Wagen erreichte. Ohne weitere Überlegung stieg ich ein und fuhr retour zur Feuerwache.

Am nächsten Morgen begann mein diesjähriger Sommerurlaub. Hätte ich diesen nur einen Tag vorgeschoben, wäre mir die Erfahrung am Vorabend nicht möglich gewesen. Ob das nun ein Vor- oder Nachteil war, kann ich gar nicht so recht sagen.

Die Loveparade und das Ringen um Schuld, Scham und letztlich um den eigenen persönlichen Frieden wird ein Thema bleiben. Nicht nur für mich.

# 12.
# Wohnungsbrand an Heiligabend

Weihnachten. Das Fest der Liebe. Ob bei Kerzenschein und Festtagsbraten tatsächlich immer die Liebe das vorherrschende Gefühl ist, ziehe ich persönlich in Zweifel. Vermutlich verbinden viele Menschen mit dem Wort Weihnachten eher die folgenden Begriffe: Stress, Geschenke, Geld und Streit. Gerade an Heiligabend, dem Tag, auf den Kinder schon Monate lang hinfiebern, fliegen nicht selten in heimischen Wohnzimmern die Fetzen. Traurig, aber leider wahr. Persönlich finde ich keine gescheite Erklärung für dieses Phänomen. Vermutlich hat es damit zu tun, dass die beinahe zwanghafte Wunschvorstellung von einem friedlichen Abend, der allen Erwartungen der einzelnen Familienmitglieder entsprechen soll, nicht selten ins genaue Gegenteil verkehrt wird.

Auch wir als Familie sind vor solchen Eskapaden nicht gefeit, wir haben diese in den letzten 25 Jahren als Familie nur höchst selten (und wenn nur kurz und knackig) erlebt. Uns ist es ein großes Anliegen, den eigentlichen Sinn und die Feierlichkeit der Weihnachtstage nicht durch Umstände, Geschenke und Kommerz bestimmen zu lassen, sondern mit Gott zu gestalten und zu feiern. Immerhin war er es, der den Anlass und Grund für Weihnachten gab. Jede Krippe ist ein bildhafter Ausdruck dieses Augenblicks: Ein schutzloses und verwundbares Baby wird in eine schnöde Futterkiste gelegt. Die umliegenden Häuser, Herbergen und Unterkünfte waren aufgrund einer Großveranstaltung weitgehend überbelegt und ausgebucht, sodass die Entbindung – heute könnte man sagen – in einer schmuddeligen Garage zwischen halb leeren Ölfässern und abgefahrenen Autoreifen stattfand. Vom ersten Atemzug an konfrontierte Gott seinen Sohn mit den ärmlichen Bedingungen des Menschseins. So berichtet denn auch der Evangelist Johannes: *„Er kam zu seinem Volk, aber sein Volk wollte nichts von ihm wissen“* (Johannes 1,11; NGÜ).

Dieser heilige Moment der Geburt des christlichen Erlösers, der zu einem „*Mensch von Fleisch und Blut*" wurde, ist eine einzigartige Zäsur in der gesamten Menschheitsgeschichte. Ein Grund, der gefeiert werden will. Nur leider wird dieses Fest in vielen Familien weitgehend ohne diesen Fokus gefeiert. Statt wahre Weihnacht ist Weihnachten das Fest der Ware.

Wie auch immer das Fest von Familie zu Familie gefeiert wird, die Weihnachtstage, besonders den 24. Dezember, Heiligabend, möchten die meisten im Kreis ihrer Familie oder mit engsten Freunden verbringen. Das gilt auch für uns Feuerwehrleute. Doch die Feuerwehr ist an sieben Tagen die Woche 24 Stunden lang im Dienst, rund um die Uhr. Immer. Also auch an Heiligabend. Daher wird in Familien von Feuerwehrangehörigen, die an Weihnachten Dienst haben, das Fest entweder nachgeholt oder mal in kurzer Form in die Feuerwache verlegt. Davon unberührt bleiben die Bereitschaft und die Notwendigkeit, bei einem Alarm in gewohnter Schnelligkeit die Feierlichkeit zu verlassen. So besinnlich ein andächtiger Moment gerade ist, so schön ein gemeinsames Lied gerade klingt oder so herrlich der Braten auch mundet, bei Alarm geht es darum, professionell und sofort für den Bürger dieser Stadt parat zu sein.

*Weihnachten 2010, in der Nacht auf Heiligabend*, hatte ich Dienst. Ich erinnere mich noch heute daran: Um Punkt 4:09 Uhr schrillte mein Pieper los und riss mich aus meinem ohnehin schlechten Schlaf. *Guten Morgen Weihnachten, das geht aber früh los*, dachte ich und blickte auf das Display. *Wohnungsbrand* hieß das Einsatzstichwort.

Eine Meldung dieser Art ist um diese Uhrzeit sehr ernst zu nehmen. Und ein weiteres Indiz für eine erhebliche Gefahrensituation ist, wenn mehrere Anrufer das Ereignis melden und somit bestätigen. Dann startet ein solcher Einsatz für uns Einsatzkräfte mit noch mehr Adrenalin. Aufgrund der zunehmenden Zahl von LED-Kerzen und Plastikbäumen ist die Zahl der Brände zwar nicht signifikant größer als im restlichen Jahr, dennoch verwüsten zur Advents- und Weihnachtszeit einige Adventskränze und versehentlich nicht gelöschte Kerzen das eine oder andere Zuhause.

Mit eingeübter Geschwindigkeit ziehe ich mir meine Schutzkleidung an. Natürlich klemmt gerade jetzt der Reißverschluss. Das tut er immer, wenn es schnell gehen muss. Durchatmen. Bis drei zählen. Geht doch. Hose zu, Schuhe an, ab ins Auto. Blaulicht, Funk, Martinshorn – mit vollem Getöse gehts es zur Einsatzstelle.

Als Einsatzleiter fahre ich seit einigen Jahren einen sogenannten Kommandowagen. Dabei handelt es sich um nichts anderes als einen Pkw mit feuerwehrtechnischer Sonderausstattung. Es erfordert einiges an Multitaskingfähigkeit, als einziger Insasse dieses Fahrzeug an den Einsatzort zu bringen. Ich sitze am Steuer, bediene zugleich das Funk- wie auch das Navigationsgerät, die Telefonfreisprecheinrichtung, Gas, Bremse, Martinshorn, Blaulicht, Blinker und auch sonst alles Notwendige. Alleine. Und alles gleichzeitig. Jeder halbwegs nervöse Beifahrer wird angesichts derart vieler Handgriffe während des Fahrens in eine nervliche Vollkrise geraten. Eine Alarmfahrt erfordert nicht nur hundert Prozent Konzentration, sondern zweihundert. Man hört dem Funk zu, ist bemüht, die erste Rückmeldung bereits eintreffender Kollegen zu verstehen, um daraus Rückschlüsse für Entscheidungen zu ziehen. Und man fährt so, dass man zugleich für die anderen Verkehrsteilnehmer mitdenkt. Parallel dazu folge ich dem Navi. Meine Augen und Ohren habe ich überall. Letzten Endes ist es ein wahres Kunststück, durch die verstopften Straßen des Verkehrs zu kommen oder auch mal die Fahrspur des Gegenverkehrs zu nutzen, weil meine durch Rechtsabbieger völlig zu ist.

Unterwegs sind die Gedanken fast jedes Mal die gleichen. Man hofft, dass die Meldung auf dem Pieper nicht dem Szenario entspricht, das man sich während der Anfahrt zur Einsatzstelle im Kopf vorstellt. Man hofft, dass es ein kleiner Einsatz ohne großen Aufwand wird – im Sinne des Bürgers, im Sinne der Kollegen – und ja, auch im eigenen Interesse. Doch dieses Mal ließ die Leitstelle bereits während der Anfahrt meine Hoffnung auf einen überschaubaren Einsatz platzen, ihre Konkretisierung sorgte bei mir für ordentlich Blutdruck.

„Bestätigte Feuermeldung. Mehrere Anrufer!“, hörte ich über Funk. Genau die Infos, die ich eigentlich nicht hören wollte, die aber nun das Adrenalin bis in die letzte Ader meines Körpers pumpen. Und das ist gut so, damit ich vor Ort nicht nur funktioniere, sondern mit klarem Verstand und guter Intuition agieren kann.

*Was war passiert?* In einem mehrgeschossigen Gebäude wütete und tobte ein Wohnungsbrand. Diese Formulierung ist nicht übertrieben.[5] Um es vorwegzunehmen: Die gesamte vierköpfige Familie konnte gerettet werden. Nicht nur durchs Fenster, nicht nur über die Treppe, sondern über das Luftpolster des Sprungretters, der von den Kollegen blitzschnell aufgebaut worden war.

Die Dramatik an einer solchen Einsatzstelle, wenn eine Wohnung mit mehreren Zimmern brennt, Kinder betroffen sind, Rettungskräfte agieren und Anwohner schockiert umherstehen, ist für Laien schwer vorstellbar und lässt sich von mir hier auch nicht wirklich genügend ausdrucksstark beschreiben. Es sind die Schreie der Personen, die vielen Durchsagen per Funk, das hoch konzentrierte Arbeiten vor Ort, der nervende Lärm des Lüfters, mit dem wir versuchen, das Haus rauchfrei zu bekommen, und vieles andere, was die Dramatik eines Einsatzes ausmacht. Selbst Gerüche wie beißendender Brandrauch oder verschmorter Fensterkunststoff gehören dazu.

Wir arbeiten an der Einsatzstelle zielgenau darauf hin, allen Menschen zu helfen, den Brand zu bekämpfen und auf diese Weise das Geschehene zu neutralisieren. Die ganze Zeit über sind wir höchst angespannt und konzentriert. Erst wenn wir als Feuerwehrleute merken, dass der Einsatz offensichtlich zu Ende geht, wenn alles zusammengeräumt wird, wir das beruhigende Klappern der Schlauchkupplung hören, der Lüfter endlich wieder ausgeschaltet werden kann und die Häufigkeit der Meldungen über Funk wieder abnimmt, lässt die Anspannung langsam etwas nach.

Das Feuer zu löschen und den Einsatz zu beenden, dauerte in Summe nicht mal eine Stunde. Doch in diesen sechzig Minuten bescherte der Brand der Familie einen ganz anderen Heiligabend als erwartet. Statt Geschenke im Kreise der Lieben zu verteilen, musste sie nun nach einer neuen Bleibe suchen. Der Brand hatte ihre Wohnung komplett zerstört, sie war unbewohnbar.

Auch hatte die Katastrophe den Eltern und Kindern Rauchvergiftungen und seelische Verletzungen zugefügt; ein Trauma, das viel Zeit braucht, um zu heilen. Die Tatsache, dass man nur knapp mit dem Leben davongekommen ist, lässt manche Menschen nie wieder los. Dass dieses Unglück ausgerechnet an Heiligabend stattfand, ist gemessen an der gesamten Dramatik vermutlich irgendwann nur noch Nebensache. Denn obwohl das gesamte Hab und Gut dem Feuer zum Opfer fiel, waren letzten Endes vier Menschen gerettet worden, die nun sicher noch viele weitere Weihnachtsfeste gemeinsam und dankbar erleben dürfen.

*Und wie war das Ganze für die Feuerwehr?* So hart es klingt, aber für uns sind solche Einsätze letztlich business as usual. Obschon die Kollegen Mitgefühl haben und betroffen sind, nur man sieht es ihnen eben nicht sofort an. Denn bei aller Emotionalität müssen Feuerwehrangehörige Routine und Distanz walten lassen, nach einem solch dramatischen Einsatz wieder einzurücken und parat für den nächsten zu sein. Zugleich bemüht sich jeder darum, das Erlebte aus dem Kopf zu bekommen. Das fällt nicht immer leicht. Oft gehen mir solche Einsätze noch lange nach. Sie beschäftigen mich manchmal tagsüber wie nachts. Nicht zuletzt deswegen, weil wir nur ein Kapitel der Lebensgeschichte dieser Menschen miterleben. Denn nach dem Einsatz verlieren wir die Menschen, denen wir – so gut es ging – geholfen haben, aus dem Blick und damit letztlich irgendwann aus der Erinnerung. Was am Ende übrig bleibt, sind Geschichten wie diese, die man Jahre später noch mal aus dem Keller der Erinnerung hochholt und sie teilweise minutiös nacherzählen kann, weil sie so eindrücklich waren – wie an jenem Heiligabend 2010, als eine vierköpfige Familie am eigenen Leib erfuhr, was es bedeutet, gerettet zu sein.

Der Wohnungsverlust der vierköpfigen Familie löste damals in der Stadt eine Welle der Hilfsbereitschaft aus, die der Familie half, den Schmerz über den Verlust ihres gesamten Hausstandes etwas zu lindern. Diese überragende Hilfe sorgte nicht nur für den schnellen Ersatz und Bezug einer Wohnung und des gesamten Interieurs, sondern war zugleich ein starkes Zeichen, dass wir als Menschen füreinander da sind, wenn es drauf ankommt. Weihnachten als das Fest der Liebe wurde für vier Menschen ganz existenziell erfahrbar.

„Liebe deinen Nächsten wie dich selbst", das Gebot, das jener Retter, der an Weihnachten geboren wurde, mit auf diese Welt brachte, neutralisierte in einem Moment größter Not die oft vorhandene Kälte und Distanz zwischen den Menschen. Nächstenliebe wurde für vier Menschen ganz praktisch erlebbar und gelebt von einer ganzen Stadt.

Wir als Feuerwehr erleben solche Momente der Hilfsbereitschaft immer wieder auch am eigenen Leib. Beispielsweise bei großen und langwierigen Einsätzen wurden wir schon oft von Anwohnern mit Kaffee und Verpflegung versorgt. Solche kleinen Gesten sind für uns Feuerwehrleute eine enorme Bestätigung und ein großes Zeichen der Wertschätzung.

An dieser Stelle möchte ich daher mal ein großes Danke loswerden an all die Bürger, die sich hier angesprochen fühlen. Machen Sie weiter so! Setzen Sie Zeichen der Nächstenliebe. Das ist fast so, als sei Weihnachten alle Tage.

*„Gottes Liebe zu uns ist für alle sichtbar geworden,*
*als er seinen einzigen Sohn in die Welt sandte [...].“*

1. Johannes 4,9

# 13.
# Die Vogelspinne

Als Feuerwehr hat man mit so ziemlich allem zu tun – auch mit Tieren. Mal ist es ein Schwan, der im Eis einzufrieren droht, ein anderes Mal ist es der Hund, der aus einem Fuchsbau nicht mehr alleine im Rückwärtsgang herauskommt. Ist alles schon passiert. Einsätze, in denen Tiere die Leidtragenden sind, kommen insgesamt viel häufiger vor, als man denkt. Allerdings muss ich dem landläufigen Klischee widersprechen: Die Katze auf dem Baum ist nicht die Nummer eins der Einsatz-Hitliste.

In unserer Nachbarstadt Mülheim hielt vor einigen Jahren eine kleine Mini-Kobra die Bewohner eines Hauses, die Feuerwehr und fast die ganze Stadt in Atem.[6] Das auf die Größe einer Zwei-Euro-Münze zusammengerollte Reptil hatte sich davongemacht und bekam aufgrund seiner Giftigkeit vollste Aufmerksamkeit. Ihre Winzigkeit und Gefährlichkeit wurden am Ende nicht nur ihr selber, sondern auch dem Wohnungsmieter und allen Nachbarn zum Verhängnis und involvierte die Feuerwehr, zahlreiche andere Spezialisten, Bauunternehmer und Möbeltransporteure. Denn nachdem das Tier partout nicht in der Wohnung mit gewöhnlichen Mitteln aufzutreiben war, wurden nach dem Ausräumen des Mobiliars sogar die Zwischenwände entfernt. Letztlich entkernte man die Dachgeschosswohnung komplett, um das extrem giftige Tier zu finden. Letzten Endes fand man die kleine Kobra tot – auf einem Klebestreifen. Die entstandenen Kosten waren horrend. In diesem Fall geschätzte 100.000 Euro. Zunächst kommt die Stadt für eine solche Einsatzsumme auf, leitet diese dann aber als Rechnung an den oder die Verantwortlichen weiter[7]. Eine Tierhaltung sollte man sich also immer gut überlegen.

Auch wir haben als Familie Erfahrungen mit exotischen Tieren. Uns begegnete einmal eine große Vogelspinne. Das Exemplar war zum Glück bereits verstorben. Es lag in einem Bund Bananen vom

Discounter. Doch selbst das tote Spinnentier mit seinen langen Beinen und den vielen Härchen löste Abscheu und Gänsehaut aus. Jeder scheint da so seine eigenen Abneigungen und Vorlieben zu haben, schließlich gibt es *Arachnophile*, die diesen Tieren in gut gebauten Terrarien im eigenen Wohnzimmer oder an anderen exponierten Stellen ein Zuhause bieten. Jedenfalls spricht mich das nicht an.

Dennoch gilt: Die Feuerwehr rettet nicht nur Menschen, sondern eben auch Tiere. Wir schützen Sachwerte und die Umwelt. Und schon sind wir wieder beim Thema Spinnen. Denn eines späten Nachmittags wurden wir mal zu einem Brand in einem Bungalow gerufen. Als wir am Einsatzort eintrafen, trat beachtlicher Rauch aus dem Gebäude aus. Glücklicherweise standen die Bewohner alle vor der Tür und nahmen uns in Empfang.

Solche Einsätze sind mir im Grunde die liebsten. Es ist einfach ein gutes Gefühl, bereits alle Bewohner vollzählig in Sicherheit zu wissen. Gedanken an die Menschenrettung sind dann nicht mehr erforderlich. Und sofern sich auch keine Tiere mehr im brennenden, beziehungsweise verrauchten, Gebäude befinden, reduziert sich für die Besitzer das Tragische am entstandenen Schaden in den allermeisten Fällen auf Sachwerte. Für Betroffene ist das zwar schlimm genug, aber immer noch besser als verletzte oder ums Leben gekommene Personen, Vierbeiner, Vögel oder anderes Getier.

Ein solcher Wohnungsbrand geht für uns als Feuerwehr mit einem routinierten Ablauf einher: Ankunft, Rückmeldung an die Leitstelle, ungefähre Einsatzdauer abschätzen und bei Bedarf weitere Kräfte anfordern oder sich bereits auf dem Weg befindliche Kräfte wieder einrücken lassen. Die Anzahl der anrückenden Einsatzkräfte liegt mit Beginn der Alarmierung in der Hand der Leitstelle. Aus den Informationen, die der Leitstellen-Disponent vom Anrufer am Telefon erhält, formuliert er ein Einsatzstichwort. Wirklich nur eins für das Einsatzleitsystem, das anschließend in einen Großrechner eingespeist wird, der Taktik, Verfügbarkeit und Einsatzort logisch miteinander verknüpft, damit die richtigen Fahrzeuge auf der kürzesten Strecke zur gemeldeten Adresse fahren.

Wir waren vor Ort, die Kräfte reichten aus. Kollegen machten sich daran, die Wasserversorgung aufzubauen, verlegten Schlauchmaterial und gingen schließlich schwer bepackt und unter Atemschutz ins Gebäude.

Der Rauch wurde nach kurzer Zeit weiß. Für uns Feuerwehrleute draußen ein sichtbares Indiz dafür, dass nun mehr Wasserdampf als Brandrauch entsteht und die Löschmaßnahmen offensichtlich Erfolg haben.

Während eines solchen Brandes läuft auch ein großer Lüfter, der die Löschmaßnahmen dadurch unterstützt, indem er den Rauch aus der Wohnung herausbläst. Diese Lüfter sind sehr wirkungsvoll, aber auch sehr laut und damit äußerst nervig. Über Funk in der Nähe dieser Motoren zu kommunizieren ist beinahe unmöglich. Also laufe ich an Einsatzstellen immer ein wenig hin und her: hin zur Wohnungstür, um nachzuschauen, wie's läuft, und wieder zurück, um für einen Moment dem irren Geräuschpegel zu entkommen.

Bei einem dieser Hin-und-her-Läufe bemerkte ich, wie mich mehrere Augenpaare der Bewohner aufmerksam verfolgten und die Personen irgendwie Anstalten machten, mich ansprechen zu wollen. Irgendwann war ihr Verhalten so auffällig, dass ich mich ihnen näherte und ihnen somit ermöglichte, mich mit vermutlich wichtigen Informationen zu versorgen.

Mein Blick muss ihnen schon verraten haben, dass ich gerne wissen wollte, worum es ging. Ohne zu zögern, brachte eine der vor mir stehenden Personen hervor: „Haben Sie auch unsere Vogelspinne gerettet?“

Einen Augenblick lang blieb ich stramm stehen. Ich war mir durch all den Lärm nicht hundertprozentig sicher, ob ich den Begriff „Vogelspinne“ tatsächlich richtig verstanden hatte, also fragte ich nach. Und zugegeben, ich hoffte, dass sich die Art des noch im Gebäude befindlichen Haustiers ändern würde. Doch Fehlanzeige! Ich hatte mich *nicht* verhört.

*Theraphosidae*. Ein Begriff, den man kaum fehlerfrei aussprechen kann. Er ist der lateinische Name für Vogelspinnen, also für diese achtbeinigen, beharrten, handtellergroßen Tierchen, die so manchen Menschen, insbesondere mich, in Schrecken versetzen können.

Den Informationen der Bewohner zufolge krabbelte also ein solches Exemplar seelenruhig irgendwo in diesem Gebäude herum, in dem meine Kollegen immer noch Löschmaßnahmen durchführten. Vor meinem inneren Auge sah ich den Achtbeiner bereits in der Jacke eines Kollegen verschwinden und tüchtig zubeißen. Eine Vorstellung, die mich auch jetzt noch, während ich diese Zeilen aufschreibe, aufrecht sitzen lässt.

*Was tun?* Die Information, dass ein Haustier noch vor den Flammen zu retten sei, musste zu meinen Kollegen in den Flachbau hinein. Auch damit ihnen nicht eventuell widerfuhr, was ich mir da gerade in meiner Vorstellung ausgemalt hatte. Also sprach ich mit dem Gruppenführer, der die Feuerwehrkräfte buchstäblich im Visier und am Funkgerät hatte. Sein anschließender Gesichtsausdruck vermittelte mir einen Eindruck, wie ich wohl vor wenigen Augenblicken geschaut haben muss. *Na toll*, dachte ich, *der hat genauso Befürchtungen wie ich.*

Manchmal muss ein Mann eben tun, was ein Mann tun muss, heißt es so schön. Das gilt auch für einen Feuerwehrmann. In dem Fall ich. Also, Hose in die Stiefel, um der Spinne bloß keine Chance zum Einlass zu gewähren. So begab ich mich todesmutig auf den Weg in den Bungalow. Natürlich erst nachdem meine Kollegen die Löschmaßnahmen weitgehend abgeschlossen hatten. Mit Taschenlampe und ordentlich Respekt vor acht kurzen, aber stark behaarten Beinen wagte ich mich Schritt für Schritt ins Gebäude.

Die Angst vor Tieren dieser Gattung steckt tief in mir. Das ist nicht rational zu erklären. Andere Menschen haben Angst vor Mäusen, Ratten oder Fliegen. Ängste sind so, wie sie sind, und meist nicht vernünftig zu erklären. Sie lösen im Körper Reaktionen aus, die mitunter das Gehirn und eigene Handeln lähmen. Trotz all meiner Befürchtungen und mit einem kurzen Gedanken an das Psalmwort *„Wenn ich mich auch fürchte, hoffe ich auf dich [Gott]"* (Psalm 56,4; LU) machte ich mich auf die Suche.

Um nicht vollends ahnungslos im Dunkeln herumzutappen, hatte ich mich zuvor bei dem Besitzer des Spinnentiers erkundigt, wo denn ungefähr die Spinne sein könnte.

*In einem Glaskasten, in der Mitte der Wohnung.*

Also ein Terrarium. Was war ich erleichtert. Genau dieses suchte ich jetzt. Und als ich davorstand, war nur noch eines wichtig: Ist die

Spinne zu Hause? Ich wollte sie sehen – tot oder lebendig. Einerseits im Interesse des Besitzers, andererseits hatte ich keine Ahnung, ob man dieses Haustier fach- und sachgerecht wiederbeleben könnte.

Sie saß am Rand des Terrariums und schien von meiner Anwesenheit und dem ganzen Durcheinander, das ein solches Feuer verursacht, wenig beeindruckt. Offensichtlich hatten wir alle eine große Portion Glück gehabt: Sie hatte überlebt, meine Kollegen hatten keine nähere Bekanntschaft mit ihr gemacht, weil ihr Domizil weder durch das Feuer noch den Einsatz beschädigt worden war, und ich konnte sie glücklicherweise im Terrarium an die frische Luft bringen. Und habe selbst erst einmal kräftig durchgeatmet.

# 14.
# Das Ding mit den Balken

Nach ein paar Jahren Einsatzerfahrung meint man schnell, das meiste schon erlebt zu haben. Und all das, was einem selbst nicht passiert ist, erzählen einem die Kollegen, die schon ein paar Jahre länger im Dienst sind. Da sind dann und wann auch schon mal eine oder zwei Prisen „Feuerwehrlatein“ dabei, aber was soll's? Geschichten erzählt man(n) sich gerne und die meisten hören auch gespannt zu. Schließlich ist dieses Buch hier nichts anderes. Und es ist gut, eigene Erlebnisse weiterzugeben. Geschichten des Alltags aus Beruf und Privatleben sind enorm wichtig, weil wir damit unseren Kindern, unseren Familien, letztlich allen Menschen ein kleines Stück Erbe vermachen, das man nicht mit Geld oder Gütern aufwiegen kann. Den Wert macht die Zeit aus und was man vielleicht sogar gemeinsam durchlebt hat.

Feuerwehrlatein höre ich gerne. Wer, wann, was erlebt hat. Wer mit wem in der Ausbildung, auf derselben Wachabteilung oder zugleich im Einsatz war. Die Geschichten wiederholen sich manchmal, je nachdem, wer sie vorträgt. Der eine setzt halt seine Schwerpunkte und der andere schildert, was ihm am eindrücklichsten widerfahren ist. Erst in der Summe der Erzählungen und Berichte setzt sich ein Puzzle zusammen, das ein Gesamtbild ergibt.

Mich erinnert das an die vier Evangelien von Matthäus, Markus, Johannes und Lukas. Während die ersten drei Evangelisten ihre eigenen Erlebnisse schilderten, war es Lukas, der sich akribisch alle Geschehnisse rund um das Leben Jesu berichten ließ und diese dann minutiös und mit medizinischer Gründlichkeit aufschrieb. Das entstandene Gesamtwerk aus allen vier Schreibern sowie den restlichen 23 Büchern und zahlreichen Autoren des Neuen Testamentes gibt uns bis heute ein untrügliches und über die Jahrtausende gewahrtes Bild über die Person Jesus Christus.

Vermutlich wird es also auch in meinem Umfeld Menschen geben, die manche der hier niedergeschriebenen Erlebnisse anders und auf ihre ganz eigene Weise erzählen und ergänzen können, ohne das Wesentliche zu verfremden. Das ist das Gute an unterschiedlichen Perspektiven.

Mit der nun folgenden Geschichte möchte ich ein Beispiel geben, wie man aus verschiedenen Blickwinkeln und unterschiedlichen beruflichen Positionen eine Situation beschreiben kann. Ich schlüpfe dabei abwechselnd in verschiedene Rollen und ergänze das fehlende Wissen einer Figur durch meine nachträglich stattgefundene Recherche und versuche so, ein Gesamtbild von dem Erlebten zu schaffen.

**Der Zollbeamte**

Im Laufe des Tages hatte er erfahren, es sollte eine illegale Zigaretten-Lieferung aus Osteuropa kommen. Umfang, genaues Datum und Art der Schmuggelei waren ihm lange Zeit unbekannt. Dann aber hatte irgendwer von irgendwo etwas vom Dach gepfiffen. Daraufhin hielt der Zoll den besagten 40-Tonner an. Der Beamte öffnete zielstrebig die Ladefläche des Lkw. Zum Vorschein kamen zahlreiche Paletten gestapelter Kanthölzer. Diese Holzbalken hatten eine Länge von rund fünf Metern und eine Kantenlänge von etwa dreißig Zentimetern. Holzbalken eben, wie sie für viele Zwecke zurechtgesägt werden und nur darauf warten, bei nächster Gelegenheit ihrem angedachten Zweck auf einer Baustelle gerecht zu werden. Letzten Endes waren es rechteckig zugesägte Bäume. Nichts deutete darauf hin, dass es sich um Schmuggelware handeln könnte. Warum sollte auch jemand Holzbalken schmuggeln? Dennoch: Der heiße Tipp, der den Zollbeamten erreicht hatte, ließ ihn an der Echtheit dieser Hölzer zweifeln. Bedauerlicherweise hatte er aber als „Zöllner“ nicht das passende Werkzeug dabei, um seine Vermutung und den damit verbundenen Verdacht bestätigen zu können.

**Der Einsatzleiter der Feuerwehr**

Ich erhielt einen Anruf. Ein Zollbeamter hatte sich bei der Feuerwehr gemeldet, weil er annahm, dass ihm die Feuerwehr eventuell behilflich sein könnte. Schließlich ist sie technisch versiert und gut ausgestattet und bekanntlich in der Lage, fast jede Einsatzsituation zu meistern. Der Beamte hatte sich zu mir auf die Duisburger Wache durchtelefoniert und erklärte mir kurz die Lage.

„Auf einem 40-Tonner liegen unzählige Kanthölzer, in denen vermutlich Schmuggelware versteckt ist", sagte er.

Ich persönlich hatte Mühe, mir dies auch nur ansatzweise vorzustellen, und stellte deswegen ein paar Nachfragen. Letztlich entschloss ich mich dazu, mir das Ganze vor Ort mal selber anzuschauen und zum Zoll zu fahren.

Auf dem Hof des Zollamtes stand besagter Lkw mit hochgezogener Plane und gab den Blick auf sehr schöne Holzbalken frei. Erst jetzt verstand ich das eigentliche Problem des Beamten: Er bat mich, beziehungsweise die Feuerwehr, einen dieser Balken mal vorsichtig mit der Kettensäge an der Stirnseite „zu öffnen". Eine interessante Vermutung, dass dort Schmuggelware versteckt sein könnte. Ich forderte also ein Löschfahrzeug nach, weil ich in meinem Führungsfahrzeug keine solche Kettensäge mitführe. Gesagt, getan. Die Kollegen kamen, sägten und wir staunten nicht schlecht: Der an beiden Stirnseiten gekürzte Holzbalken war tatsächlich im Inneren hohl und mit zig Stangen Zigaretten gefüllt. Es muss ein unglaublicher Aufwand gewesen sein, derart viele Balken auf diese, von außen nicht zu erkennende Art und Weise zu präparieren.

Nachdem wir gleich beim ersten Balken einen Volltreffer gelandet hatten, zeichnete sich schnell ab, wie die Mannschaft des Löschgruppenfahrzeugs die nächsten Stunden verbringen würde. Doch uns kam eine bessere Idee: Wir entschieden uns in Absprache und unter Aufsicht des Zolls, den Lkw auf das Gelände der Hauptwache fahren zu lassen, um dort mit vereinten Kräften ein kleines Sägespektakel zu veranstalten.

**Die Feuerwehrangehörigen**

Meine Kollegen an der Wache staunten nicht schlecht, als wir dort ankamen und einen ungewöhnlichen Auftrag herausgaben: Der Lkw sollte komplett entladen und alle Balken heruntergenommen werden. Anschließend sollte an den Kopfenden der Balken jeweils ein Stück von etwa zehn Zentimetern Länge abgesägt werden.

**Der Amtsleiter**

Dass ich den Amtsleiter zu informieren hatte, stand außer Frage. Nicht allein deswegen, weil unser Einsatz nun ganz offiziell als Amtshilfe für den Zoll zu bewerten, sondern auch weil dieser außergewöhnlich war. Der Hof der Wache verwandelte sich in eine Art Schreinerei. Und damit verbunden war das wichtigste Gebot der Stunde: sich nämlich die Erlaubnis für den Einsatz der Kettensägen einzuholen. Schließlich rückten die Kollegen den Balken nicht mehr nur mit zwei Sägen zu Leibe, sondern mit zahlreichen Motorsägen. Der über Stunden nervtötende Lärm wäre deutlich im Wohngebiet rund um die Feuerwache zu hören.

**Die Anwohner**

Seit 1995 steht die heutige Hauptwache der Feuerwehr Duisburg an der Wintgenstraße. Zuvor war sie jahrzehntelang in einem benachbarten Stadtteil angesiedelt. Und wie das mit Feuerwehr- und Rettungsfahrzeugen so ist: Wenn sie ausrücken, verschaffen sie sich Platz und Gehör durch den durchdringenden Ton des Martinshorns. Und das an einer Hauptwache täglich mehrfach.

An unserer Feuerwache ist heute eigens eine Ampelschaltung installiert, die uns über einige Kreuzungen hinweg eine grüne Welle garantiert, um diese zunächst auf das Martinshorn verzichten zu können und somit die Anwohner nicht zu belästigen. Diesen Fortschritt gab es damals am alten Standort noch nicht oder wurde nicht gut genug genutzt. Jedenfalls war dort ein Anwohner über die fortwährende Lärmbelästigung letzten Endes so verärgert, dass er sich einen neuen Wohnort suchte. Sie ahnen vielleicht schon, was jetzt kommt. Seine neue Anschrift war, so jedenfalls erzählt man es sich im Feuerwehrlatein, genau gegenüber der heutigen Hauptwache.

Nun also stand dieser holzfällergleiche Einsatz bevor: stundenlanges Filetieren von Holzbalken, um Schmuggelware offenzulegen.

Der Ärger der Nachbarn ließ erwartungsgemäß nicht lange auf sich warten. Ihre persönlich vorbeigebrachten Beschwerden waren nachvollziehbar. Aber ich muss auch gestehen, sie verhallten ein wenig im sonoren Sound der Motorsägen. Und als es dann am frühen Abend langsam, aber sicher dunkel wurde, leuchteten wir den Schauplatz des ganzen Spektakels mit vielen 1.000-Watt-Strahlern aus, um weiterarbeiten zu können.

Für die Anwohner muss es so ausgesehen haben, als ob wir dem ohrenbetäubenden Szenario auch noch eine stadiongleiche Bühne bauen wollten. Im Nachhinein möchte ich mich hier noch einmal bei den Nachbarn für dieses Ärgernis entschuldigen. Es ging nicht anders.

**Der Polizist**

Stündlich nahm die Zahl der Einsatzkräfte vor Ort zu. Anfangs waren da nur der Zollbeamte, der den richtigen Riecher gehabt hatte, und ich mit meinen Kollegen. Am Ende waren auf dem Hof unserer Feuerwache an die 50 Einsatzkräfte zugange, darunter auch zahlreiche Polizisten, die im Wesentlichen die von uns herausgepulten Zigarettenstangen vom Boden auflasen und in einem Kleintransporter sicherstellten.

Die nüchterne Bilanz eines Polizisten lautete nach Ende der Aktion, der ganze Aufwand sei für die paar Zigaretten völlig unangemessen gewesen. Trotzdem konnten wir zeigen, was eine gemeinsame Aktion bewerkstelligen konnte.

Das mag sein, aber wir sprechen heute noch über diese Aktion. Der Spaß- und Sensationsfaktor an diesem außergewöhnlichen Einsatz war einfach zu köstlich – mit Ausnahme der Lärmbelästigung für die Anwohner.

**Die Verursacher**

Wer dieses kunstvoll und aufwendig gestaltete Schmuggelereignis zu verantworten hatte, war Sache polizeilicher Ermittlungen, von denen ich nichts weiter erfahren habe. Der Fahrer des Lkw war allerdings zunächst einmal der arme Tropf, der getreu dem Motto *mitgefangen, mitgehangen* als Erster dran glauben musste und mindestens eine Nacht in einer kargen Zelle mit Edelstahltoilette zubrachte. Mehr ist vom weiteren Ausgang der Geschichte nicht überliefert. Moment … doch! Eine Sache gibt es da noch …

Ich erinnere mich, dass noch lange Zeit nach diesem spektakulären Einsatz eins der abgesägten Balkenenden den Schreibtisch unseres damaligen Amtsleiters zierte.

Dieser Einsatz war wirklich amüsant und gehört bei uns in Duisburg facettenreich zum Schatz des Feuerwehrlateins!

# 15.
# Alisa

Ein Sommertag im Juni. Das Wetter sollte schön werden, Gewitter könnten aber möglich sein, so der Bericht vom Vorabend. An eben diesem Morgen klingelte mein Wecker bereits um kurz vor fünf Uhr. Echt brutal. Um diese Uhrzeit kommt mir mein Wecker wie ein sehr empathieloser Verbrecher vor, der schrill, gnadenlos und absolut pünktlich seinen Job erledigt. Mir fällt das Aufstehen um diese Uhrzeit schwer, aber an solchen Sommertagen wie heute macht die aufgehende Sonne den ersten Schritt Richtung Bad etwas leichter. Von da an bin ich etwas wacher und jeder Handgriff sitzt, um beim Fertigmachen keine unnötige Zeit zu verlieren. Heute muss ich gegen Viertel vor sieben in Münster sein – als Prüfer am Institut der Feuerwehr des Landes Nordrhein-Westfalen für den feuerwehrtechnischen Nachwuchs. Es wartet ein kompletter Prüfungstag auf mich, in dessen Verlauf zwölf Nachwuchskräfte aus den Reihen der freiwilligen Feuerwehr auf ihre Befähigung zu Führungsaufgaben auf Herz und Nieren durchgecheckt werden.

Solche Prüfungen sind für die Prüfer mindestens genauso anstrengend wie für die Prüflinge. Von den angehenden Führungskräften der Feuerwehren werden anhand eines simulierten Einsatzszenarios an einer Art Modellbahnplatte taktische Abläufe vorgeführt. Jede dieser Prüfungssituationen dauert rund dreißig Minuten, also eine halbe Stunde volle Konzentration auf beiden Seiten der Planspielplatte. Anschließend noch ein paar Fragen, dann die Note, eine kurze Pause und: *Der Nächste, bitte!* Mit zwölf Prüflingen ein tagesfüllendes Programm.

An einem drückend schwülwarmen Sommertag sind Prüfungen in einem nicht klimatisierten Raum ein noch kleineres Vergnügen als ohnehin schon. Da helfen weder der Ventilator, der mühevoll versucht, etwas frische Luft von außen in den Raum zu wirbeln, noch die gekühlten kleinen Wasserflaschen, die bereits nach kurzer Zeit Raumtemperatur angenommen haben.

Bereits am frühen Nachmittag sind wir mit allen Prüflingen durch und konnten allen zu einem erfolgreichen Ergebnis gratulieren. Gegen 14:30 Uhr mache ich mich auf den Heimweg – durchgeschwitzt, müde und zugleich froh, für heute Schluss zu haben. Die vor mir liegende rund hundert Kilometer lange Strecke schaffe ich wahrscheinlich ohne großen Stau, da ich dem Feierabendverkehr vorausfahre.

Solche Fahrten genieße ich. Alleine und unbeschwert, ohne an irgendein To-do denken zu müssen, lasse ich dann die Gedanken während der Fahrt etwas kreisen. Ich habe Zeit, den Alltag zu sortieren, mit Gott dieses und jenes durchzusprechen, und erhalte dadurch etwas mehr Durchblick und Klarheit für den nächsten Schritt im Alltagswahnsinn.

Gegen 14:40 Uhr werde ich durch einen Anruf jäh aus meinen Gedanken gerissen. Auf dem Display der Freisprecheinrichtung wird der Name meines Sohnes angezeigt. Es kommt nicht oft vor, dass er mich während meines Dienstes anruft und wir hatten diesbezüglich vereinbart, dass ich auf jeden Fall drangehe oder schnellstmöglich zurückrufe, wenn es öfter als dreimal klingelt. Denn dann wäre es dringend.

Es klingelt öfter als dreimal und ich gehe dran. Die Stimme ist jedoch nicht die meines Sohnes, sondern die meiner Frau. „Komisch", denke ich, lösche diesen Gedanken aber sogleich, als mir meine Frau sagt, dass unsere älteste Tochter einen Verkehrsunfall gehabt hätte. Ich schrecke zusammen. Da beruhigt mich aber schon meine Frau. Ich müsse mir keine Sorgen machen, es sei schließlich nicht viel passiert, sagt sie. Ich spüre ein großes Fragezeichen in meinem Kopf, ich will Details wissen und merke zugleich, wie ich nur noch Reizwörter wahrnehme: „Verkehrsunfall“, „Fußgänger“, „Ampel“, „Krankenhaus“ ...

Kurz darauf geht mein Kopf in den Reaktionsmodus über. Ich muss wissen, was genau passiert ist, wie es Alisa geht, wo sie jetzt steckt, einfach alles! Und zwar jetzt.

So ruhig wie es mir gerade möglich ist, höre ich meiner Frau zu, sage ihr, dass ich bereits auf dem Rückweg bin und mich beeilen werde. Doch es bleibt in mir die Unruhe, dass doch Schlimmeres passiert sein könnte, als meine Frau und ich bislang ahnen.

Gleich nach dem Telefonat fange ich an zu beten. Für mich in Situationen, in denen ich nicht weiterweiß, stets das beste Mittel der Wahl. Ich vertraue mich und die vor mir liegende Situation dem an, der nicht nur alles weiß, der nicht nur alle Fäden in der Hand hält, sondern mit jedem Geschehen auch irgendeine Idee verfolgt. Eine gute Idee sogar, selbst wenn die Situation noch nebulös, unklar und vielleicht sogar hoffnungslos erscheint. Jedenfalls heißt es in der Bibel, dass mir *„alle Dinge zum Besten“* dienen sollen (Römer 8,28). Alle Dinge.

Ich gebe zu, nicht immer, auf keinen Fall jetzt, ist mir dieser Gedanke sofort einleuchtend. Die innere Ruhe als Ausdruck tiefen Vertrauens und eine damit verbundene Gelassenheit in dieser Ausnahmesituation will sich nicht einstellen.

Die Situation kann krasser und skurriler nicht sein. Ich sitze in einem Auto der Feuerwehr, das mit allem ausgestattet ist, also Funk, Blaulicht, Martinshorn, und zugleich bin ich noch an die hundert

Kilometer von zu Hause entfernt. Meinem Zuhause, wo sich meine Lieben, speziell meine Tochter im Krankenhaus, in einer akuten Notsituation befinden. Ich bin in diesem Moment einerseits der Feuerwehrmann, der Helfer in der Not, und andererseits stelle ich fest, wie macht- und hilflos ich in mich zusammenfalle, weil weit weg meine geliebte Tochter einen schweren Verkehrsunfall hatte und mir jegliche brauchbaren Informationen fehlen, ganz zu schweigen von meinem Wunsch, *jetzt* schon bei ihr zu sein.

Ich tippe etwas ungelenk auf der Freisprecheinrichtung herum. Dabei geht mein Blick auf den Tacho und ich stelle fest, dass ich wirklich sehr flott unterwegs bin. „Jetzt nur nicht durchdrehen", ermahne ich mich selbst und wähle die Nummer der Leitstelle meiner Feuerwehr. Mein Kollege nimmt ab und begrüßt mich namentlich, da mein Name ihm angezeigt wurde.

„Meine Tochter hatte einen Unfall. Besorge bitte alle Infos, die du kriegen kannst und rufe mich schnell zurück!" Ich lege auf, wechsle auf die linke Überholspur und gebe Gas. Nach zwei Minuten, die sich für mich wie eine halbe Ewigkeit anfühlten, ruft der Kollege der Leitstelle zurück.

„Deine Tochter hatte einen VU (Verkehrsunfall) als Fußgänger. Vermutlich nur Prellungen. Sie ist auf dem Weg zum KDU (Klinikum Duisburg) – Näheres weiß ich noch nicht."

Ich bedanke mich bei meinem Kollegen, lege auf und vertiefe mich während des Fahrens weiter ins Gebet für meine Tochter und für die Ärzte, die jetzt in ebenso angespannter Lage meiner Tochter helfen. Hoffentlich.

Denen, die Gott lieben, sollen alle Dinge zum Besten dienen. Leicht gesagt, schwer zu denken, noch schwerer zu leben. Das Kompliziertesteste daran ist die Ungewissheit. Die vielen Optionen, die ein Ereignis bietet und einen nahe an den Rand der Verzweiflung bringen.

Wie schwer sind die Verletzungen? Nur Prellungen. Was heißt das? Oder ist doch viel mehr passiert, was man an der Einsatzstelle auf die Schnelle nicht diagnostizieren konnte? Und ich stelle bei mir fest, mein Gedankenkarussell fängt an, seine Runden zu drehen. Solche Gedanken kennt jeder. Doch ich habe gelernt, hier laut *Stopp!* zu sagen. Nicht weiterdenken. Sich keine Sorgen machen. Schließlich war Gott auch bei dem Unfall dabei. Er hat es zugelassen. Warum auch immer. Vielleicht muss man nicht immer alles verstehen, wenngleich man es zu gerne immer will.

Am Krankenhaus fahre ich direkt durch zur Notaufnahme. Ich sehe meine Frau, meinen Sohn, eine Freundin meiner Tochter und deren Mutter. Alle haben betretene Gesichter. Alisa wird gerade untersucht. Röntgen des Beckens, der Wirbelsäule und vermutlich auch des Kopfes. Also irgendwie alles.

Durch eine große Glasscheibe sehe ich meine Tochter mit verweintem und schmerzverzerrtem Gesicht auf einer Trage liegen. Ich gehe einfach hinein. Mir war es schnurz, wie man das findet. Nur selten war ich bisher dankbar, im zivilen Umfeld meine Uniform anzuhaben. Jetzt war ich es. So ein weißes Hemd mit Schulterklappen macht auf den einen oder anderen Eindruck, und ich darf ohne große Widerrede zu meiner Tochter.

„Gut, dass du da bist, Papa!“ Sie wirkt deutlich erleichtert, als sie mich sieht, und ich frage mich, wie ich denn jetzt helfen kann. Dieses „Feuerwehr-Gen“ – also eben jener Reflex, der ein sofortiges „Hilfe und ab jetzt wird alles wieder gut“-Denken auslöst – steckt auch in mir; zugleich versandet der Gedanke in meinem Kopf, da mir meine eigene Handlungsunfähigkeit angesichts der Situation in vollem Umfang bewusst ist.

Meine Tochter wird sogleich in die Röhre geschoben, um das Knochengerüst zu untersuchen. Ich stehe die ganze Zeit daneben und kann meine innere Anspannung kaum bändigen, auch wenn meine Adrenalinausschüttung mich ruhig und sachlich machen will.

„Sehen Sie schon etwas?“, frage ich nach ein paar Minuten den untersuchenden Arzt und seine beiden Assistentinnen. Er reagiert nicht sofort, dreht sich dann langsam zu mir um und meint in betont ruhigem Ton: „Na ja, ich sehe eine Wirbelsäule.“

Mir steigt die Zornesglut ins Gesicht. Er weiß genau, um was es in meiner Frage geht, und ich sage ihm, mit bewusst deutlichen Worten, dass ich der Vater bin und nun wissen möchte, wie es um meine Tochter steht. Eine der beiden Krankenpflegerinnen entdeckt in diesem Augenblick ihre Rolle als Vermittlerin und versucht die Stimmung zu entschärfen, da sie meine Verstimmung erkennt.

„Der Doktor macht keine Witze!“, ruft sie mir freundlich lächelnd herüber, um die Anspannung irgendwie zu neutralisieren.

„Ich auch nicht!“, belle ich zurück und wiederhole meine Frage verbunden mit der Bitte, mir möglichst bald eine erste Einschätzung zu geben. Ich war nicht stolz auf meine Ungeduld, die schnippischen Worte und meinen gereizten Tonfall, doch ich mache mir nichts vor. Vermutlich wird es mir wieder so ergehen, sollte ein weiteres Unglück mich in voller Lebensfahrt treffen.

Irgendwann war die Untersuchung abgeschlossen und die nüchterne Bilanz für Alisa, hervorgerufen durch einen Unfall, der nur ein paar Sekunden dauerte, lag als Diagnose auf dem Tisch: Beckenfraktur, Schulterfraktur und eine sehr starke Gehirnerschütterung sowie unzählige Schürfwunden an Rücken, Armen und Beinen. Buchstäblich mit einem Schlag war ihr Leben und das unsrige anders, und zwar für eine ganze Weile.

Über diesen Vorfall gäbe es noch eine Menge zu berichten: über den Besuch des Autofahrers, der Alisa angefahren hatte, im Krankenhaus, seine Ängste vor dieser Begegnung und dem langen Gespräch zwischen Alisa und ihm. Ich könnte auch darüber schreiben, dass meine Tochter fünf Wochen lang im Bett liegen musste, damit sich insbesondere das Becken, aber eben auch die Schulter und die unglaublich starke Gehirnerschütterung wieder erholen konnten (verbunden mit meiner väterlichen Bestechungstaktik, diese lange Bettruhe-Tortur zu ertragen, indem ich meiner Tochter das Krankenhaustagegeld der Unfallversicherung versprach und auch später auszahlte).

Aber das Wesentliche dieses Unfalls ist etwas ganz anderes: Wir haben als Familie so nahe zueinandergefunden wie noch niemals zuvor. Und es war mir persönlich als Feuerwehrangehöriger eine Lehre, wie man sich als Angehöriger eines Unfallopfers fühlt. Wie es ist, wenn man einfach zu wenig Informationen oder diese nicht schnell genug erhält und dadurch die Sorgen und das Kopfkino nur noch verschlimmert. Diese Situation hat meinen Umgang mit Angehörigen geprägt und tut es bis heute.

Das mit Abstand Beeindruckendste ist aber die Tatsache, dass meine Tochter vollständig und ohne eine Operation genesen konnte. Und mit vollständig meine ich zu hundert Prozent.

Ich schaue heute zutiefst dankbar auf diese Zeit zurück, nicht nur weil mir bewusst ist, dass es unzählige Menschen gibt, die nicht dieses große Glück der Wiederherstellung haben, wie es meine Alisa in den Wochen und Monaten danach erlebte, sondern auch weil meine Tochter vieles aus dieser Erfahrung für ihr Leben gelernt hat.

Vier Jahre nach dem Unfall erfüllte sie sich dann einen großen Traum. Sie reiste nach Ruanda (Afrika) und nahm dort an dem Muskathlon-Sponsorenlauf (*www.muskathlon.com*) für Patenkinder des Hilfswerks Compassion teil. Sie lief 21 Kilometer gegen globale Armut – auch in tiefer Dankbarkeit Gott gegenüber, weil sie wusste, wie es sich anfühlt, nicht laufen zu können.

*Alles soll dir zum Besten dienen.* Ein Satz, der erst dann an Bedeutung gewinnt, wenn er im Leben Gestalt annimmt. Die völlig normale Reaktion wäre es, Gott die Schuld für ein Ereignis wie dieses in die Schuhe zu schieben. Sauer auf ihn zu sein, fällt um einiges leichter, als sich mit der Situation in quasi göttlicher Zuversicht anzufreunden. Ich gebe zu: Mir ist das in der Vergangenheit nicht immer leichtgefallen. Doch eines haben wir als Familie gelernt: Gott macht keine leeren Versprechungen, sondern steht zu seinem Wort. Und darauf kommt es an!

# 16.
# Im Puff

Worum drehen sich *echte* Männergespräche? PS-Boliden, gutes Werkzeug, übermäßigen Alkoholgenuss oder um Frauen? Annahmen wie diese sind weitverbreitet. Was aber ist, wenn Männer begreifen, welchen Einfluss sie auf die Entwicklung ihres direkten Umfeldes haben? Welche Verantwortung als Mann, Vater, Kumpel, Freund oder Kollege sie haben? Könnte das nicht dazu beitragen, dass eben dadurch sie selbst Trugbilder entlarven? Ich persönlich ziehe es arg in Zweifel, dass Themen wie die oben genannten als „echte" Gespräche zwischen Männern angesehen werden sollten. Small Talks vielleicht, ja. Mehr oder minder derb, johlend oder angeberisch. Die Beurteilung darüber überlasse ich Ihnen als Leser.

*„Ab wann ist ein Mann ein Mann?"* Diese Frage stellte der Sänger Herbert Grönemeyer in seinem ersten großen und von Zeitgeist geprägten Hit *„Männer"* Mitte der Achtziger. Bis heute ist sie vermutlich die wichtigste Frage im Leben aller Brustbeharrten und solchen, die es gerne sein möchten. Eine gute Frage! Wann beginnt echte Männlichkeit? Ist sie abhängig von der Menge des Bartwuchses, von der Muskelmasse oder ...?

Einer meiner Söhne, heute beide erwachsene Männer, gestand mir erst neulich zu meiner Überraschung, dass er bereits im Alter von nur fünfzehn Jahren das erste und einzige Mal im Bordell war. Ich war verständlicherweise schockiert. Natürlich kann ich die Aussage meines Jungen, ohne sie zu erklären, alleine nicht stehen lassen. Deswegen hier auch seine sich anschließende Erklärung: Er war nicht dort, um seine Männlichkeit unter Beweis zu stellen, sondern schlichtweg im Windschatten einiger älterer Freunde unterwegs, die als ebenfalls minderjährige Teenager ihn aus einer Laune heraus mit dorthin genommen hatten. Ihre Absicht war es, buchstäblich mal einen Blick zu riskieren.

Keine Ahnung, was mein Sohn genau dort sah und was die Eindrücke mit ihm gemacht haben. Tatsache ist, er hatte damals eine Schwelle hinein in eine andere Welt übertreten und sich mit Erlebnissen konfrontiert, die meiner Ansicht nach einem jungen Teenager noch ein paar Jahre – vielleicht sogar gänzlich – verborgen bleiben sollten. Seiner Schilderung nach dauerte der Besuch nur ein paar Minuten, bevor er sich alleine auf den Weg nach Hause machte. Ihm selbst war das Ganze nicht so recht geheuer.

Als er mir davon erzählte, war ich sehr dankbar dafür, dass mein Sohn als Fünfzehnjähriger diese Antenne hatte und auch als Warnsignal beherzigte. Trotzdem war ich geplättet von der Nachricht, und ich fragte mich, wie ich wohl damals reagiert hätte, wenn ich unmittelbar von seinem „Ich war im Puff"-Erlebnis erfahren hätte. Die Antwort darauf bleibe ich mir allerdings schuldig. Ich habe es mir nämlich zur Gewohnheit gemacht, nur über die „Wenn dann"-Fragen in meinem Leben nachzudenken, bei denen das „Wenn" auch tatsächlich eingetroffen ist.

Was mein Sohn zum Zeitpunkt seines Bordellbesuches nicht wusste, ich war einige Jahre zuvor in exakt demselben Etablissement. Doch genau wie er nicht als zahlender Kunde, sondern um mal zu gucken. Nein, ich bin kein Spanner, der den Kontakthof eines Puffs besucht, weil er derartige Erlebnisse für die eigene Erotik braucht. Mein Besuch war vielmehr streng dienstlich und fand im Rahmen einer ämterübergreifenden Ausbildung statt. Gemeint ist eine Hospitation beim zuständigen Ordnungsamt, in deren Zeitraum es erforderlich war, neben zahlreichen anderen Aufgaben auch die Prostitution zu kontrollieren, und zwar zum Schutz der dort tätigen Frauen. Und eben eine solche Kontrolle begleitete ich damals als Feuerwehrpimpf.

Ich war der erste Auszubildende, der auf eigenen Wunsch etwa einen Monat seiner rund zweijährigen Ausbildungszeit sowohl beim Ordnungsamt als auch bei der Kriminalpolizei absolvierte. Die Idee dahinter: die dort tätigen Mitarbeiter und deren Arbeitsweisen kennenzulernen. Immerhin war es möglich, dass man im Laufe des weiteren Berufslebens Schnittstellen bei der gemeinsamen Arbeit bekommen könnte, die sicher unkomplizierter ablaufen würden, wenn man sich zuvor kennengelernt hatte. Von einem Bordellbesuch und anderen nur mittelmäßig interessanten Aufgaben war zu Beginn dieser Idee allerdings keine Rede. Doch es gehört zu den Aufgaben einer Ordnungsbehörde dazu, eben solche Bereiche, Abläufe und Machenschaften kennenzulernen.

Zurück zum Puff. Der Mitarbeiter des Ordnungsamtes nahm mich ins Schlepptau und so betraten wir beide den Kontakthof eines der Bordelle im Duisburger Rotlichtviertel. Ich erinnere mich noch daran, dass ich zuvor echte Gewissensbisse hatte, überhaupt mitzugehen. Das mag jetzt zugeknöpft und prüde klingen, geht aber letztlich mit meiner christlich geprägten Haltung einher, die eigenen Augen vor Dingen zu schützen, die Mann beziehungsweise ich wirklich nicht sehen sollte. Doch am Ende siegte die Neugier auf der einen und meine Feigheit abzusagen auf der anderen Seite.

Die genaue Berufsbezeichnung des Chefs eines Bordells kenne ich nicht. Umgangssprachlich spricht man von der „Puffmutter“ oder dem „Zuhälter“. Beide trafen wir an und kurz darauf saßen wir zu viert in einer Art Küche. Uns wurde ein Kaffee angeboten. Der Raum war so eine Art Mix aus Empfang, Überwachungszentrale und Aufenthaltsraum für Mitarbeiter und Mitarbeiterinnen. Auf einem Monitor konnte man sehen, welche der unzähligen Zimmer belegt waren. Der ältere Mann (der Zuhälter) mit dem grauen Anzug, unter dem reichlich Muskelmasse zu vermuten war, entpuppte sich als interessanter Gesprächspartner. Ziemlich eingeschüchtert von der ganzen Situation sehe ich mich heute noch still am Tisch sitzen, gelegentlich am viel zu starken Kaffee nippend, um im richtigen Augenblick mit einem Kopfnicken oder -schütteln wortlos am Gespräch teilzunehmen. Für mehr reichte mein Mut nicht.

Nachdem der Kaffee ausgetrunken war und der Small Talk endete, widmeten wir uns dem eigentlichen Grund unseres Besuchs: Unsere Aufgabe war es, die Prostituierten nach Aufenthaltsstatus und Volljährigkeit zu überprüfen.

Der Weg zu den Zimmern führte zunächst über den Kontakthof, jene Räumlichkeit, in der sich Freier und Prostituierte kennenlernen können. Jedenfalls wurde mir dieses „Spielfeld“ so beschrieben. An diesem Nachmittag war dort wenig los. Nach einer sehr schmalen Treppe kamen wir oben zu den Zimmern. Einige Türen standen offen und ließen den Blick auf kleine, schummrig beleuchtete Zimmer und deren Ausstattung frei. In einem hielt sich eine Frau auf, nur bekleidet mit weißer Unterwäsche, die durch das eingeschaltete Schwarzlicht gleißend weiß leuchtete und damit ihren Körper besonders hervorhob. Wir sprachen die Frau an. Der Mitarbeiter vom Ordnungsamt sagte „Ausweiskontrolle!“, worauf die Frau erst gar nicht, nach erneuter Ansprache schließlich aber sehr hektisch reagierte. Sie machte Anstalten, davonlaufen zu wollen. *In dem Fummel wird sie nicht weit kommen*, dachte ich noch, da blieb sie schon stehen. Mehr oder weniger widerwillig rückte sie ihren Ausweis heraus.

Die Frau, die dort vor mir stand, schätzte ich auf Ende dreißig. Tiefe Augenringe erzählten von ihrem Leben. Mein Blick in ihren Ausweis schockierte mich. Gerade einmal zwanzig war sie und damit weitaus jünger, als ich angenommen hatte. Sie fing an, unverständlich laut zu schimpfen. Sie fand erst wieder zu ruhigen Worten in ihrer Sprache, die ich nicht verstand, als wir sie in Ruhe ließen. Ich spürte, wie die Prostitution ihr Leben gezeichnet hatte, und ich wollte mir gar nicht vorstellen, seit wann sie darin bereits tätig war.

Nach etwa zwei Stunden war die Überprüfung dann abgeschlossen und mein Besuch in dieser fremden und für mich extrem unwirtlichen Welt endete in etwa genauso abrupt, wie er begonnen hatte.

Männer, die Pornos anschauen oder als Freier in ein Bordell gehen, schüren letzten Endes eine ungesunde Dominanz der männlichen Natur. Es sind überwiegend Männer, die – sei es in Bezug auf Macht, auf Geld oder auf Prostitution und damit letztlich Menschenhandel – die Strippen in dieser Welt ziehen. Und andere Männer sind es, die diesem Treiben als Konsumenten und Nutznießer Vorschub leisten. Sie könnten aber auch (ihren Mut und ihr Engagement vorausgesetzt) durch ein anderes Verhalten dem Ganzen den Stecker ziehen. Insofern sind Männergespräche über die eingangs erwähnten Themen für mich keine wirklich echten Männergespräche, sondern nur der hilflose Versuch, durch Witz und Sarkasmus einer Wahrheit aus dem Weg zu gehen.

Bitte verstehen Sie mich nicht falsch. Als Christ bin ich kein besserer Mensch. Im Gegenteil. Nur ich lasse zu, dass mir Gott einen Spiegel vorhält und beispielsweise durch die Bibel, die kein Märchenbuch ist, wichtige Dinge für mein Leben beim Namen nennt. So erzählt sie von einer Begebenheit, als eine Frau von einer ganzen Horde Pharisäer beim Ehebruch aufgegriffen wird (Johannes 8,1–11). Allein diese Vorstellung macht schon deutlich, wie offen die Bibel mit uns Menschen umgeht. Denn sie beschönigt weder die Tätigkeit der Frau als Prostituierte noch das Stalking der Pharisäer. Letztere haben gewiss nicht durch Zufall von diesem Ehebruch erfahren, sondern haben sich mit der Anklage als „Beobachter", man könnte auch sagen „Spanner", geoutet – ohne aber diesen Teil der Wahrheit für sich zu erkennen. Die Bibel kennt da aber kein Pardon und stellt beide Seiten bloß. Nicht um des Bloßstellens, sondern um der Wahrheit willen.

Wirklich interessant wird es, als die Männer die Frau vor Jesus zerren und sie als Gruppe anklagen, verurteilen und sofort ein hartes Urteil erwarten. Auch wenn die Pharisäer sonst nichts für diesen Jesus übrig hatten; vor ihm wollten sie jetzt so richtig auf den Putz hauen.

Und Jesus? Wie reagiert er? Er sagt: *„Wer von euch ohne Sünde ist, der soll den ersten Stein auf sie werfen!"* (Johannes 8,7; NGÜ).

Ein Satz, der voll ins Schwarze traf. Und siehe da: Einer nach dem anderen, alt wie jung, verließ den Ort und erkannte die eigene Schuld, die eigene Unfähigkeit, gerecht zu leben, und suchte beschämt das Weite.

Als Jesus schließlich mit der Frau alleine war, sagte er drei Sätze zu ihr:

*„‚Hat dich keiner verurteilt?‘*

*‚Nein, Herr, keiner‘, antwortete sie.*

*Da sagte Jesus: ‚Ich verurteile dich auch nicht; du darfst gehen. Sündige von jetzt an nicht mehr!‘“* (Johannes 8,10–11; NGÜ)

Jesus schafft Auswege.

Immer.

Manchmal sogar auf eine Art und Weise, die uns nicht logisch erscheint. Denn warum hat er nicht im Kreis der Pharisäer seine Macht demonstriert? Die Antwort: Hat er doch! Er ist der souveräne Gott, dem nichts entgeht und der das rechte Maß für Entscheidungen hat. Damit ist keinesfalls gemeint, dass er einen Laissez-faire-Stil bevorzugt. Nein. Aber er hat den Überblick über die gesamte Situation und er überführt durch sein Eingreifen mehr die Männer als die Frau.

In diesem Sinne: Männer sollten sich fragen, inwieweit sie der Pornoindustrie einen Bärendienst erweisen, indem sie weiter im Internet anonymen Sex konsumieren und zugleich über den Verfall der Gesellschaft lamentieren wollen.

Jesus schafft Auswege. Auch aus dem Puff. Jede Wette!

# 17.
# PunZug

Dem eigenen Leben ein Ende setzen. Worte, die sich schnell schreiben und ebenso rasch lesen lassen. Was aber geht diesen Worten an Gedanken voraus, wenn ein Mensch sich damit beschäftigt? Für mich ist das schwer nachvollziehbar, denn ich liebe mein Leben.

In einem Seminar, das ich vor Jahren gemeinsam mit Kolleginnen und Kollegen besuchte, war auch ein Dozent zugegen, der ehrenamtlich bei der Telefonseelsorge arbeitete. Er berichtete aus seinem reichen Erfahrungsschatz, der gute wie tragische Ereignisse umfasste. Erfreulich war, von ihm zu hören, dass die Nummer der Telefonseelsorge tatsächlich immer noch von Hilfesuchenden in Anspruch genommen wird. Unter den beiden Rufnummern stehen ausgebildete Ansprechpartner rund um die Uhr parat, die Menschen bei Sorgen und Nöten helfen. Anrufer können sich am Telefon bei ihnen anonym ausquatschen oder ausweinen.

Vermutlich brauchen wir alle viel häufiger mal jemandem zum Reden, als wir meinen. Doch viele Notleidende und Verzweifelte versuchen, auf sich allein gestellt, ihr Problem mithilfe von Drogen, Alkohol oder einer weiteren halsbrecherischen Lebenssituation zu „lösen", wie sie meinen. Dass sie dadurch ihr Problem allerdings nur maskieren, sehen manche von ihnen schon gar nicht mehr ein. Andere wissen nur allzu gut, dass ihnen ein solcher Weg die Möglichkeit schenkt, sich kurz und auf eine intensiv spürbare Weise von ihren Problemen ablenken zu lassen. Nur zu einer tatsächlichen Lösung dienen diese Fluchtreflexe überhaupt nicht.

Wenn ich persönlich nicht weiterweiß, vor einem Problem stehe oder in eine tiefe Krise geraten bin, versuche ich mit jemandem ins Gespräch zu finden. Am liebsten mit einer Person, die mich versteht, die mir, ohne zu unterbrechen, zuhört, und die am Ende vielleicht sogar eine griffige Idee für den nächsten Schritt weiß und mir dadurch nachhaltig aus meinem emotionalen Getriebeschaden heraushelfen kann.

Die erste Person, an die ich mich in einem solchen Fall wende, ist Jesus. Von ihm weiß ich, dass er mich niemals links liegen lassen würde, ganz egal wie nervig ich auch bin und wie bescheuert meine Tat, meine Denke oder mein Versagen als Grund für unsere Unterhaltung auch war. Sein Rat ist mir lieb und teuer. Jederzeit.

Anhand eines exemplarischen Beispiels beschrieb damals der Dozent der Telefonseelsorge die große Herausforderung für Seelsorger, mit Menschen umzugehen, die quasi mit dem Hörer in der Hand ihrem Leben ein Ende setzen wollen. Skizziert wurde der Fall eines jungen Mannes, der auf einer Brücke steht mit der Absicht, sich das Leben zu nehmen. Er sieht tragischerweise keinen anderen Ausweg, als sich herunterzustürzen. Sein eigenes Leben setzt ihn unter Druck, seine Gefühle sind tiefschwarz, vorhandene Gewissensbisse und Zweifel sind aber glücklicherweise noch in einer kleinen Dosis vorhanden, sonst wäre er längst gesprungen.

Der herbeigerufene Seelsorger nähert sich nun langsam dem potenziellen Selbstmörder. Er versucht mit ihm ins Gespräch zu kommen. Für ihn geht es darum, ein „Ja“ der gefährdeten Person zu erhalten – mit Worten oder durch eine Geste. Hauptsache eine Zustimmung. Die falsche Vorgehensweise wäre, der Person zuzurufen: „Spring nicht! Du hast doch noch dein ganzes Leben vor dir!“ Die Denke des Hörers dieses Satzes könnte mitunter sein: *Stimmt genau!* – und er springt erst recht. Die Schwierigkeit liegt also darin, ein Höchstmaß an Empathie in der Kommunikation aufzubauen, um die innere Zerrissenheit des potenziellen Selbstmörders durch positive und für ihn angenehme Zukunftsaussichten zu stabilisieren.

Ist kein Ansprechpartner vorhanden, kann die Traurigkeit und Verzweiflung der gefährdeten Person unter Umständen so überhandnehmen, dass sie am Ende den letzten Schritt tatsächlich macht und sich das Leben nimmt.

In der Leitstelle der Feuerwehr wird der Verdacht eines solch tragischen Endes auf ein Minimum versachlicht und in nur einem Wort, dem Einsatzstichwort, zusammengefasst – beispielsweise *PUNZug*. Damit gemeint ist das Einsatzszenario: *Person unter Zug*.

Allein sich vorzustellen, eine Person wird von einem fahrenden Zug erfasst, ist nicht nur schrecklich, sondern löst bei uns als Feuerwehr ordentlich Anspannung aus. Die Hoffnung, die Person lebend retten zu können, ist immer da, leider bewahrheitet sie sich aber in den wenigsten Fällen. Viele Kollegen bereiten sich daher schon innerlich auf einen grausigen Anblick vor.

Manchmal habe ich persönlich den Eindruck, dass *PUNZug*-Ereignisse in einer Art Serie stattfinden. Die Einsatzszenarien wiederholen sich dann kurz nacheinander, in einem Monat (meist im Herbst), in einer Woche, manchmal sogar an einem Tag. Woran das liegt, weiß ich nicht. Vielleicht ist es auch rückblickend ein Trugschluss, aber es fühlt sich so an.

Es war ein Sommertag, als ich mit dem eingangs erwähnten Einsatzstichwort *PUNZug* zum Duisburger Hauptbahnhof anrückte, begleitet von zahlreichen Kräften, denn niemandem war das Verletzungsmuster der Person bekannt. Auch während der Anfahrt erhielten wir keine weitere Auskunft seitens der Leitstelle. Insofern gingen wir wie immer davon aus, dass jede Sekunde zählt, um den verunfallten Menschen zu retten und in medizinische Hände zu geben.

Als wir schließlich nach wenigen Minuten eintrafen, war Rushhour am Bahnhof. Der Zug stand am Gleis. Ich sah, der vordere Bereich mit der Lok war bereits durch Polizeibeamte abgesperrt, und die verständigte Kriminalpolizei war ebenfalls schon vor Ort zugange. Jemand teilte mir mit: „*Pat. Ex.*" – Dieses Kürzel beschreibt für uns schnell die Lage. Fünf Buchstaben, die letztlich den weiteren Verlauf des Einsatzes maßgeblich bestimmen. Keineswegs ist der bekannte Klebstoff damit gemeint (manchmal hilft vielen Einsatzkräften eine Portion Sarkasmus und schwarzer Humor über das eigene Erschrecken hinweg), sondern die Buchstaben stehen als Abkürzung für die folgenschwere Tatsache: *Patient Exitus*. Für uns als Feuerwehr gab es im Sinne der Menschenrettung leider nichts mehr zu tun. Die Person war verstorben.

Ich stand am Gleis, sah den Patienten aber nicht. Noch nicht. Und ich stellte fest, dass ich an die Begegnung mit der Leiche wie eine Art Selbsttest heranging. Ich wünschte mir selbst Auskunft darüber, ob ich dem Anblick eines so schwer verunglückten Menschen noch gewachsen bin. Also näherte ich mich Schritt für Schritt der Bahnsteigkante und entdeckte zwischen Gleis und Triebwagen eingequetscht den Körper eines Mannes mittleren Alters. Er lag mit dem Rücken mir zugewandt, beziehungsweise sah ich nur den Bereich seiner Schulter.

Sich vorzustellen, dass diese Person noch vor zehn Minuten hier am Bahnsteig gestanden haben muss, dass ihr Herz pochte und Blut durch ihren Körper pumpte, bringt mich noch jetzt beim Schreiben dieser Zeilen etwas durcheinander. Der Beamte von der Kripo schien deutlich abgeklärter damit umgehen zu können. Mit seiner

Spiegelreflexkamera in der Hand sprang er gezielt runter ins Gleisbett und legte sich direkt neben die Leiche. Von dort aus fotografierte er alles und jedes Detail aus absolut nächster Nähe und verzog dabei nicht ein einziges Mal seine Miene. Meine anschließende Bemerkung ihm gegenüber, er müsse ziemlich abgehärtet sein, quittierte der Polizist, der mich etwas an den amerikanischen Film-Kriminalisten Columbo erinnerte, mit einem prüfenden Blick, begleitet von einem sehr lässigen und beinahe gelangweiltem Nicken. Anschließend zündete er sich eine Zigarette an und ging ein paar Schritte abseits.

*Wie kann man sich so etwas aus nächster Nähe anschauen*, fragte ich mich und war heilfroh, nicht ins Gleisbett springen zu müssen. Was folgte, waren die üblichen Formalitäten an einer Einsatzstelle: ein Gespräch mit dem hinzugerufenen Notfallmanager der Deutschen Bahn und das Einrücken auf die Wache. Den Rest regelten die Kripo, ein Bestatter und die Deutsche Bahn. Das klingt für Außenstehende nicht nur sehr kühl und sachlich; es ist es auch. Zwar widerstrebt mir diese Nüchternheit als ein Mensch mit christlichen Grundfesten, doch andererseits funktioniert die Bewältigung solcher Einsätze ohne ein solch schnörkelloses Vorgehen nicht.

Was ich zu diesem Zeitpunkt nicht wusste: Nur zwei Tage später sollte erneut ein Unfall aus der gleichen Rubrik stattfinden. Eine „Serie“. So etwas habe ich während meiner Dienstjahre schon öfter erlebt, zwar nicht immer verbunden mit einem tragischen Ausgang, aber die kurzfristige Aufeinanderfolge von ähnlichen Einsätzen. Inmitten einer solchen Serie, die letztlich nur Zufall ist, aber in Summe erschreckend, kommt es mir so vor, als ob rückblickend gesehen der erste Einsatz eine Art Warm-up war. Denn letztlich stellt sich – ganz menschlich – das Gefühl ein, dass man beim zweiten oder dritten

Einsatz besser mit dem Anblick umgehen kann und somit selbst der Härte des Geschehens weniger schlimm ausgesetzt ist.

Zwei Tage später also war erneut das Einsatzstichwort *PUNZug* auf dem Display meines digitalen Meldeempfängers zu lesen. Dieses Mal sehr spät abends, beinahe Mitternacht. Der Beginn des Einsatzes ähnelte dem vorherigen *PUNZug*-Einsatz frappierend. Wieder ging es zum Duisburger Hauptbahnhof. Wieder sollte eine Person vom Zug überrollt worden sein. Das Gefühl von vorgestern konnte ich in meinem Inneren fast noch originalgetreu abrufen und hatte sofort wieder die Bilder des Mannes vor Augen, der rücklings vor mir auf den Gleisen und dessen Gesicht nur noch halb vorhanden war.

Auf dem Bahnsteig angekommen, ging ich erneut sehr vorsichtig Richtung Triebfahrzeug und fing an, nach der irgendwo auf dem Gleis liegenden Person zu suchen. Zwischen den Rädern war aber niemand. Keine Person da. Ich atmete auf. Fehlalarmierungen kommen recht häufig vor, wenngleich dieses Einsatzstichwort von den Disponenten der Leitstelle stets mit Bedacht gewählt wird. Schließlich hängt daran eine riesige Kette an Maßnahmen: Feuerwehr, Deutsche Bahn, Bundes- und Stadtpolizei, Notarzt, Rettungswagen, Notfallseelsorger.

Der Lokführer stand ziemlich aufgelöst neben dem Puffer seines Triebfahrzeugs. Er war sich sicher, wenige Augenblicke zuvor auf der Strecke während der Einfahrt in den Bahnhof einen lauten Knall vernommen zu haben. An der Frontpartie der Lok war aber auf den ersten Blick nichts zu erkennen, was auf einen solchen Aufprall hindeutete. Wie gesagt ... auf den ersten Blick. Bei genauerem Hinsehen sahen wir kleine Blutspritzer und ein etwa 50-Cent-großes Stück ... *irgendwas*. Was konnte das sein? Es war ein Stück Knochen, an dem noch ein paar Härchen erkennbar waren. Es klebte an eben diesem Puffer, ähnlich wie der Rest eines toten Insekts an der Windschutzscheibe eines Autos. Der Vergleich klingt brutal. Doch ist man selbst konfrontiert mit einer solchen Situation, versucht man krampfhaft, sich irgendwie vom Offensichtlichen und zugleich Schlimmsten abzulenken.

Als Christ, als jemand, der in seinem Leben mit Jesus Christus unterwegs ist, ärgere ich mich oft über diese Formen der Verdrängung und ertappe mich dabei, wie ich für einen kleinen Augenblick meine christliche Ausrichtung, mein Vertrauen auf Gott und die damit geschenkte Sicherheit, vergesse und stattdessen oft nach ganz anderen Maßstäben reagiere. Vor allem wenn die Begegnung mit dem Tod in einer Einsatzsituation nicht nur wahrscheinlich, sondern ziemlich sicher scheint. Und ich habe mich schon oft gefragt: Kommt da eine eigene verborgene Angst vor dem Tod zum Vorschein? Oder ist es das ganz menschliche Empfinden von Abscheu, das mich in diesen Situationen dazu treibt?

Was nun erfolgen musste, war offensichtlich: Dem winzigen, behaarten Knochenstück und den Blutspritzern musste nachgegangen werden. Wir wussten nicht, ob diese Überreste tatsächlich von einem Menschen stammen oder von einem Tier. Genauso wenig wussten wir, ob das Opfer schwer verletzt irgendwo lag. Eile war geboten.

Wenn man bedenkt, dass ein Regionalexpress wie dieser mit rund 100 km/h über die Gleise rollt, wird schnell klar, dass die nun abzusuchende Strecke weiträumig war. Konkret gingen wir folgendermaßen vor: Wir mussten zunächst in Erfahrung bringen, wie lange der vermeintliche Aufprall, den der Zugführer nur akustisch wahrgenommen hatte, zeitlich zurücklag. Daraus lässt sich anhand des Streckenverlaufs vor dem Bahnhof in etwa ein Bereich ausmachen, den es abzusuchen galt. Wie gesagt: Mitternacht. Im Dunkeln. Wir teilten uns als Einsatzkräfte auf und bewegten uns in die Richtung, aus der der Zug gekommen war. Nicht überall waren die Gleise zugänglich. Und unsere Taschenlampen reichten nicht, um die Gleise gut auszuleuchten. Zwischendurch meldeten wir einander über Funk, wer wo und wann gesucht und bisher nichts gefunden hatte. Nach einiger Zeit kam dann ein Hinweis über Funk, der die Befürchtung zur Gewissheit werden ließ: *Person gefunden.*

Sofort wurden zu dieser Stelle alle weiteren Kräfte beordert: Polizei, Kripo, Bestatter, Notfallmanager der Bahn und so weiter. Relativ schnell wurde die Einsatzstelle ausgeleuchtet und im fast taghellen Licht der Scheinwerfer erblickten wir das schier Unfassbare: Auf den Gleisen lagen kleine, menschliche Körperteile und etwas weiter vom Gleis entfernt das an der Hüfte abgetrennte, vollständig erhaltende Beinpaar, bekleidet mit Jeans und Turnschuhen.

Der Torso der Person war nicht mehr da; der Oberkörper war wohl durch die Wucht des Aufpralls schlicht abgerissen und in viele kleine Stücke zersprengt worden. Ein grauenvoller Anblick, den ich sobald nicht vergessen werde.

Mir gingen zahlreiche Fragen durch den Kopf: Wie lange wird diese Person, ob es ein Mann oder eine Frau war, konnte man zunächst nicht erkennen, wohl in einem Gebüsch an den Bahngleisen gehockt haben? Wie groß muss ihre Not gewesen sein? Wie verletzte ihre Seele? Wie gefangen in ihrer Lage, dass sie gewillt war, diesen finalen Schritt zu gehen? Wie viele Züge waren schon an ihr vorbeigefahren, ohne dass der Mut größer als die Verzweiflung war, sich das Leben zu nehmen? Oder war alles nur ein Unfall? Weil diese Person dachte, eine Abkürzung nehmen zu wollen? Oder zu sehr dem Alkohol wohlgesonnen war, als dass sie sich noch hätte orientieren können?

Für den Zugführer bestand die Person aus einem dumpfen Schlag. Für uns als Rettungskräfte war sie nur erkennbar als 50 Cent großes Knochenstück. Und für den Bestatter war sie ein erschütterndes Puzzle aus menschlichen Einzelteilen. Sie war aber vor allem ein Mensch, dessen Leben hier auf den Gleisen zum Hauptbahnhof ein tragisches Ende gefunden hatte. Ein Leben, das einst von einer Mutter geschenkt worden war. Ein Leben, das als Kind im Sandkasten, in der Schule, als Teenager schließlich Form und Gestalt annahm und auf so jähe, schicksalhafte und brutale Weise aus dem Dasein wieder verschwand.

Letzten Endes weiß ich nicht, ob es ein Unfall oder ein bewusster Suizid war, durch den diese Person ums Leben gekommen ist. Angenommen es war ein Selbstmord, dann sah dieser Mensch keinen anderen Ausweg aus seiner Lebenssituation, als sich von einem vorbeifahrenden Zug überrollen zu lassen. Auch jetzt bei der Niederschrift dieses Ereignisses überkommen mich wieder dieselben Fragen und Gefühle:

Was treibt einen Menschen dazu?

Wie viele Versuche, das eigene Leben zu wenden, hatte es gegeben?

Und wie viele Menschen werden diesen Verlust nicht ertragen können, weil sie nun erkennen, dass sie einen geliebten Menschen verloren haben, dem sie ihre Liebe vielleicht zu wenig gezeigt haben?

Sie merken, an dieser Stelle nehme ich mir etwas Zeit, das zum Ausdruck zu bringen, was mir sonst als Christ angesichts einer erforderlichen Nüchternheit im Umgang mit *PUNZug*-Situationen so nicht möglich ist.

Wenn es den Anschein hat, als ob das Leben in eine Sackgasse geraten ist, aus der es keinen Ausweg gibt, nicht einmal das Zurück, dann ist da immer noch Gott, der einen Ausweg kennt. Allerdings muss man sich auf ihn einlassen und darauf, nicht länger vor die Wände der Lebenssackgasse zu starren, sondern den Blick mal Richtung Himmel zu heben.

Wie ist das eigentlich? Sehen wir die Frohe Botschaft, wie „Evangelium" übersetzt heißt, noch als eben solche an? Als Frohe Botschaft? Als eine gute Nachricht, die auch in düstersten Situationen Hoffnung schenkt? Ich erlebe es leider immer wieder, dass Menschen vorschnell *„das ganze fromme Gedankengut"* für sich abtun (vorschnell und unüberlegt), aber irgendwann mit Situationen oder Krisen im Leben konfrontiert werden, in denen ihre über Jahre bewährten Lebensmaximen und -ansichten nicht mehr taugen. Sich dann vielleicht selbst des eigenen Lebens entledigen zu wollen, hat für manch einen den Anschein einer Befreiung, doch tatsächlich ist es die finale Sicht auf eine Sackgasse, in der man für immer bleibt.

Warum es nicht mal mit Gott probieren? – Wenn Nöte, Schicksalsschläge und menschliche Enttäuschungen das Leben schwer machen.

Oder, wer es ein wenig kontroverser mag: ihn auf die Probe stellen? Diese Einladung spreche nicht ich aus, sondern Gott selbst:

*„‚Stellt mich doch damit auf die Probe', spricht der allmächtige Herr, ‚ob ich nicht die Fenster des Himmels für euch öffnen und euch mit unzähligen Segnungen überschütten werde!'"* (Maleachi 3,10; NL).

Noch ein Wort zum Schluss dieses Kapitels: Feuerwehr, Polizei und Rettungskräfte sind mit solch tragischen Bildern verunglückter oder absichtlich sich das Leben genommener Personen regelmäßig konfrontiert. Nicht immer am Bahndamm. Häufiger in einer Wohnung oder bei einem Verkehrsunfall. Bilder, die mehr oder weniger lange im Kopf bleiben und die am Ende einer Dienstschicht irgendwie dort wieder rausmüssen. Um dieses Ziel zu erreichen, sind ehrliche Gespräche nötig. Je größer und dramatischer der Einsatz war, umso wichtiger sind sie. Glücklicherweise ist man sich dessen auch bei der Feuerwehr bewusst, sodass man dort ein Gegenüber findet, mit dem man reden und seine Seele erleichtern kann. Geteiltes Leid ist halbes Leid – auch in diesem Sinne.

Ob nun als Einsatzkraft oder als eine Person, die mit vielen Lasten durchs Leben geht, wir müssen wieder lernen und uns trauen, mehr miteinander zu reden. Einfach den Mut haben, ab und an darüber zu reden, was uns auf dem Herzen liegt. Hierzu brauchen wir echte – nicht digitale – Freunde, um gegen den Trend einer geposteten Scheinglückseligkeit zu agieren. Zu viele Einzelkämpfer bauen eine digitale Scheinwelt auf, definieren sich über „Likes" und „Shares", um am Ende doch nur einsam zu sein.

# 18.
# Messehalle 8A

Im September 2015 erlebte Europa, erlebte Deutschland, die wahrscheinlich größte Flüchtlingswelle der deutschen Nachkriegszeit. Hunderttausende Menschen setzten sich aus Syrien und den Nachbarstaaten in Bewegung und machten sich für die Aussicht auf ein sicheres und besseres Leben auf den langen, beschwerlichen und sehr gefährlichen Weg nach Europa. Sie flohen vor Gewalt, vor Repressalien und suchten Schutz für sich und ihre Kinder.

Für viele dieser Menschen war das erklärte Ziel ihrer Reise Deutschland. Ich kann das gut verstehen. Wenn ich mir an ihrer Stelle ein Land aussuchen müsste, in das ich fliehe, dann wäre mein Ziel vermutlich auch Deutschland. Ein Land ohne Krieg, in dem Demokratie herrscht und es ein funktionierendes Gesundheits- und Sozialsystem gibt. Ich bin in diesem Land aufgewachsen, ohne dass ich mich dafür entscheiden musste. Ich bin hier zur Schule gegangen, ohne dass ich dafür etwas zu zahlen brauchte. Seit über 50 Jahren lebe ich in diesem Deutschland – in Frieden. Kriegsszenarien kenne ich nur aus dem Fernsehen, aus der Zeitung oder aus Spielfilmen. Ich habe weder Hunger noch Verfolgung erlebt und musste mir niemals ernsthaft Sorgen machen, wie es um meine medizinische Versorgung bestellt ist. Jeden Morgen, wenn ich aus meinem warmen Bett aufstehe, habe ich fließendes, sauberes Wasser. Sogar im Klo. Jeden Tag ist mein Kühlschrank mehr oder weniger gefüllt.

Was ich mit dieser Aufzählung sagen will? Jeder, dem es in seinem Land echt mies geht, der all diesen Frieden, diesen Luxus, diese Sicherheiten nicht hat, aber seinen Kindern, seiner Familie wenigstens einen Hauch davon ermöglichen will, dem kann ich es nicht verübeln, dass er sein kaputtes Land verlässt. Im Gegenteil: Wie viel Mut gehört dazu, seine Heimat, vielleicht sogar Familie und nahe Verwandte und damit die letzte Geborgenheit zu verlassen, um sich auf den Weg zu machen hin zu einem Tausende Kilometer entfernten Ort, der im Vergleich ein bisschen was Paradiesisches bereithält.

Vor allem seit Herbst 2015 hatten und haben bis heute sehr viele Menschen diese Gedanken der Hoffnung auf eine bessere Zukunft. Vermutlich stecken sie sich gegenseitig damit an, um einzig mit den Sachen auf dem Leib eine wahrhaft waghalsige Reise zu beginnen. Wie wir heute wissen, war unser Land mit dem Ansturm etwas überfordert. Turnhallen oder andere leer stehende, meist städtische Gebäude wurden zweckmäßig zu Flüchtlingsunterkünften umgebaut, damit die Menschen eine irgendwie geartete Bleibe erhielten. Auch wurden Hallen errichtet mit sanitären Anlagen, um den Menschen ein Mindestmaß an Hygiene und Sauberkeit zu schenken. Ebenso wurden in den Hallen Bereiche geschaffen, in denen die Menschen so etwas wie Privatsphäre hatten, denn Rückzugsmöglichkeiten waren ebenso dringend nötig wie eigens hergerichtete Gebetsräume. Und doch war bei alledem ihr Kulturkreis uns meist ebenso fremd wie ihre Mentalität.

In einer dieser Turnhallen hatte ich mit zahlreichen Kollegen Dienst im Wechsel. Es ging weniger um Brandschutz- oder Rettungsdienste. Es ging einfach um die Fürsorge für die Menschen, um Versorgung, um Logistik. Jede helfende Hand war wichtig und erforderlich.

Rückblickend gesehen waren meine Begegnungen mit den Geflüchteten sehr speziell. Einerseits waren die Menschen oft sehr schüchtern, andererseits entnervt, geschwächt, krank oder einfach nur müde.

Als es dann keine leer stehenden Hallen mehr gab, wurden kurzerhand neue Traglufthallen gebaut. Sie gleichen riesigen Zelten, die bei sommerlichen Temperaturen im Inneren eher Gewächshäusern ähneln als Notunterkünften.

Mit diesem Kapitel möchte ich kein politisches Statement abgeben. Es geht mir darum, dass unser Leben voller Lebenslektionen steckt. Man muss sie nur als solche erkennen. Und eine Botschaft, die ich während dieses Einsatzzeitraums im Herbst 2015 gelernt habe, lautet: *Menschen sind unterschiedlich und jeder von uns hat seine ganz persönliche Geschichte.* Sehr oft habe ich mich in dieser Zeit an einen Satz aus unserem Deutschen Grundgesetz erinnert, wo es im Artikel 1 heißt: „Die Würde des Menschen ist unantastbar." Zugleich habe ich mir angesichts der gesellschaftlichen Diskussion rund um die Flüchtlingskrise die Frage gestellt, ob diese Aussage nur Theorie ist oder – zumindest in meinem Leben – auch eine praktische Seite hat.

Andere Menschen, Kulturen, Gebräuche und Denkweisen kennenzulernen, ist leider nicht jedermanns Sache. Ich bin darin auch kein besonderer Profi, aber bereits deutlich vor der Welle 2015 haben wir als Familie eines Sommertags alle Familien mit Migrationshintergrund aus unserem direkten Freundes- und Bekanntenkreis zum Essen eingeladen. Damit das ganze Spektakel so richtig bunt werden konnte, baten wir jede Familie darum, ein landestypisches Gericht für die Mahlzeit mitzubringen. Am Ende saßen Menschen aus Italien, Holland, Belgien, Neuseeland, Spanien, und Kolumbien am Tisch – mit Leckereien von Paella und Sangria bis hin zu gebackenen Bananen. Nicht alles mein persönlicher Geschmack, aber durch die Vielfalt – auch in Sachen Geschmack und Vorlieben – wurde alles mit Genuss verputzt, manches Neue probiert und in den eigenen Speiseplan aufgenommen.

Offensichtlich sollte dieser interkulturelle Sommertag noch ganz wichtig für mich werden, die Situation im Herbst mit anderen Augen zu sehen.

Die Flüchtlingsthematik füllte damals Zeitungen wie Nachrichten, jeden Tag. Immer wieder neue Daten und Fakten. Bei allen diesen Zahlen, die beeindruckend regelmäßig nach oben korrigiert wurden, drohten dem Leser und Zuschauer aller Daten und Fakten eines aus dem Sinn zu verschwinden: Die Rede war (und ist) von Menschen.

Schließlich kam es, wie es kommen musste: An einem Wochenende im September 2015 hatte ich schließlich die Gelegenheit, die zu meiner beruflichen Pflicht gehört, einige dieser Menschen und ihrer Schicksale persönlich kennenzulernen. Doch auch das begann zunächst mit Zahlen, Daten, Fakten und einer Adresse: 8A – eine Messehalle. Schlicht, pragmatisch, riesengroß, irgendwie praktisch, aber mit dem Charme einer Tiefgarage. Nur ohne Autos. Stattdessen waren Menschen darin, sehr viele Menschen. Viele von ihnen Familien mit kleinen Kindern. Hier und da Jugendliche. Die Mehrheit der Flüchtlinge war deutlich unter 40 Jahre alt.

Meine Aufgabe war es, die medizinische Betreuung organisatorisch mit zu begleiten. Auch wenn dieser Satz irgendwie gut und weitgehend fachmännisch klingt, so beschreibt er nicht im Entferntesten die Wahrheit. Denn der ganze Einsatz als solcher war für mich eine zutiefst persönliche Begegnung mit dem Thema, vor allem mit den Menschen, die ich im Nachhinein nicht missen möchte.

Auf dem Weg Richtung Halle 8A hatte ich stark gemischte Gefühle. Was wird mich dort erwarten? Wie sind die Menschen so drauf? Sind sie traumatisiert oder schwer verletzt? Laufen sie in Lumpen durch die Halle? Hinterlassen sie überall ihre Spuren, ihren Müll, ihre Klamotten in Plastiktüten? Wollen sie nur unsere Zeit und Hilfe und letztlich unser Geld in Anspruch nehmen?

Und ich stellte nach und nach fest: alles Quatsch! Meine Begegnungen überraschten mich positiv und belehrten mich eines Besseren. In feinstem Schulenglisch (für mehr reicht es bei mir nicht) habe ich versucht, mit den Menschen in Kontakt zu treten. Ich fragte sie, woher sie denn kommen, wie lange sie unterwegs waren, ob mit oder ohne Familie und vieles mehr.

Als Gegenleistung erfuhr ich Dinge aus ihrem Leben. Berichte, die mich kerzengerade sitzen ließen, die mir Respekt einflößten und die mir dauerhaft eine Lehre sein werden.

Beispielsweise erzählte mir ein junger Mann aus dem Irak, dessen Vater Lehrer war und von der Terrormiliz Islamischer Staat umgebracht worden war, wie er ganz alleine flüchtete, um der Willkür und diesem Wahnsinn zu entgehen.

Dann begegnete ich einem Wirtschaftsingenieur, der in Syrien seinen Master gemacht hatte und nicht wusste, wie seine Zukunft angesichts der vielen Bomben und der Willkür des dortigen Regimes aussehen würde. Er wollte nicht zwangsweise in die Armee eingezogen werden, um als Kanonenfutter zu enden. Deswegen machte er sich auf und davon. Er ließ Familie, Freunde und seinen Beruf zurück – mit dem Ziel, hier in Deutschland solide und vor allem in Frieden einen Neuanfang zu machen.

Apropos Bomben, ich sprach auch mit einem Arzt aus Syrien, der dort als Kinderarzt praktizierte und morgens noch einen Jungen und dessen Vater in seiner Praxis hatte. Wenige Stunden später wurde der Vater durch einen Bombenanschlag getötet und der kleine Junge verlor ein Bein. Das war zu viel für ihn und er machte sich auf den gefährlichen Weg in ein unbekanntes Land, in dem seine erste postalische Adresse *Messehalle 8A* heißen sollte.

Dieser Kinderarzt wurde für uns Einsatzkräfte zu einer unfassbaren Hilfe. Er fing an, zwischen den Patienten und uns zu vermitteln und übernahm zahlreiche Untersuchungen. Er sprach sich mit unserem medizinischen Personal und den deutschen Ärzten ab, was, wie und womit behandelt werden kann. Alles geschah auf Englisch, manchmal auch mit Händen und Füßen sowie Stift und Papier. Ich bekomme immer noch Gänsehaut, wenn ich das alles so aufschreibe. Plötzlich war da keine kulturelle Barriere mehr. Die Vorbehalte waren weg. Es gab nur das Miteinander.

Und ich begegnete einer jungen Mutter von drei Kindern, die sich sehr um eines ihrer Kids sorgte, weil es in einem Krankenhaus weit entfernt von der Messehalle untergebracht worden war. Sie weinte und fühlte sich komplett hilflos. Denn während sie bei den beiden anderen Kindern in Halle 8A war, war ihr krankes Kind nicht bei ihr. Für eine liebende Mutter ein untragbarer Zustand. Wie gerne hätte ich sie getröstet, ja in den Arm genommen. Aber genau hier gab es die kulturelle Zäsur. Eine Frau zu berühren, das ging gar nicht. Das wollte sie auch nicht, aber sie nahm jede andere Hilfe dankend an. So verschafften wir ihr die Möglichkeit, dass sie gemeinsam mit ihren beiden Kindern ins Krankenhaus fahren konnte, um sich nach dem Wohlergehen ihres Jungen zu erkundigen. Leider hatte ich nicht mehr die Gelegenheit, sie danach noch einmal zu sprechen, denn genauso schnell, wie wir uns kennenlernten, haben wir uns auch wieder aus den Augen verloren.

Stellen Sie sich als Leser dieser Geschichte bitte das alles einmal vor: ihr Vater von einer Terrororganisation willkürlich umgebracht, Sie müssen befürchten, zum Militär eingezogen zu werden für einen Krieg, der aussichtslos erscheint. Oder Sie müssen mit ansehen, wie Menschen aus Ihrem direkten Umfeld durch Bombenanschläge ums Leben kommen oder verstümmelt werden.

Was würden Sie tun? Würden Sie in diesem Land bleiben wollen?

Angenommen, Sie hätten Kinder, die in einem solchen Land aufwachsen. Ohne Zukunft. Ohne Bildung. Aber unter einem Regime, das mit Angst, Willkür und Terror regiert.

Was würden Sie tun? Würden Sie in diesem Land bleiben wollen?

In der Bibel heißt es: *„Brich dem Hungrigen dein Brot, und die im Elend ohne Obdach sind, führe ins Haus! Wenn du einen nackt siehst, so kleide ihn, und entzieh dich nicht deinem Fleisch und Blut!“* (Jesaja 58,7).

Ganz gleich welcher Glaubensüberzeugung wir angehören, es ist unsere Pflicht, hier ein Signal der Mitmenschlichkeit zu setzen.

Zugegeben, nirgendwo steht geschrieben, dass es Spaß machen soll, anderen in Notsituationen zu helfen. Doch aus eigener Erfahrung kann ich sagen: Als ich nach diesem Einsatz wieder in meinem Bett lag, wusste ich die Matratze, die eigene Toilette, meine Privatsphäre und einfach alles, was ich bisher mit einer unverschämten Selbstverständlichkeit in Anspruch genommen hatte, sehr viel mehr zu schätzen.

Dieses Kapitel soll keines mit erhobenem Zeigefinger sein, sondern eines, das beschämend eingesteht, dass auch ich Vorbehalte, Ängste und Scheu vor Menschen habe, die *„einfach so hierherkommen“*. Doch ich habe erkannt, welche Schicksale dahinter verborgen liegen. Und das hat mir die Augen geöffnet!

In Messehalle 8A, umgeben von Menschen, die unter lebensbedrohlichen Bedingungen all ihre Hoffnung auf ein besseres Leben in die Tat umgesetzt haben, bin ich dankbar geworden! Für mein Leben, meine Familie, mein Umfeld – und bitte erlauben Sie mir, das zum Schluss zu sagen –, auch für mein Land.

# 19.
# Havarie auf dem Rhein

Es ist Abend und der 26. Dezember 2017. Der Weihnachtsrummel ist so weit gelaufen. Erschöpft von Braten und Geschenkpapier dämmere ich zu Hause vor mich hin. Füße hoch, Fernseher an, durchschnaufen. Mein Diensttelefon allerdings liegt erreichbar in meiner Nähe, denn ich bin eingeteilt für den sehr unwahrscheinlichen Fall, dass der Krisenstab der Stadt zusammenkommen muss.

Diese 24-stündige Rufbereitschaft gibt es erst seit dem vergangenen Jahr. Auslöser dafür war der islamistisch motivierte Lkw-Angriff eines Terroristen auf dem Berliner Weihnachtsmarkt. Damals verloren zwölf Menschen vollkommen sinnlos ihr Leben, über 50 weitere wurden verletzt, als der Lkw in die Menge friedlicher Menschen gelenkt wurde. Ein terroristischer Akt, um der Gewaltverherrlichung ein sichtbares Zeichen zu setzen. Sollten Sie Ohnmacht in meinen Worten erkennen, ist das durchaus beabsichtigt. Seit diesem Vorfall auf dem Breitscheidplatz in Berlin gibt es allerorts irgendwelche Betonbarrieren, damit nicht noch einmal ein solcher Wahnsinn geschieht.

Angerufen werde ich an diesem zweiten Weihnachtsfeiertag wahrscheinlich nicht, dachte ich mir. Doch gegen 21 Uhr wurde ich eines Besseren belehrt. Mein Diensttelefon durchbricht die müde Abendstimmung des letzten Weihnachtsfeiertages. Etwas irritiert schaue ich auf das Display und sehe, dass mich tatsächlich die Leitstelle anruft. In Comicheften prangen in solchen Fällen große Fragezeichen in den Sprechblasen über den gezeichneten Figuren. So kam ich mir jetzt auch vor. Kurz und knapp richtet mir der Kollege aus, dass ich sofort als leitende Kraft den Stabsführungsraum besetzen soll, weil sich eine große Havarie auf dem Rhein zugetragen hätte. Vermutlich mit zahlreichen Verletzten und einem Passagierschiff, das zu sinken droht.

Ich weiß nicht, wie Sie reagiert hätten, wenn man Ihnen ohne irgendwelche Umschweife zum Ausklang des Weihnachtsfestes eine solche Information mitgeteilt hätte. Und das war nicht alles! Der Anruf ging mit der Erwartungshaltung einher, dass man nun von Ihnen verlangt, in Kürze *alles* über den Vorfall zu wissen, *alles* Notwendige in die Wege zu leiten und ja *nichts* zu vergessen. Denn wortlos geht der Anrufer nun nämlich nach dem Prinzip „*Melden macht frei*" davon aus, dass ab sofort alle nennenswerten Teile für den Einsatzerfolg auf Ihren Schultern liegen und Sie nun schauen können, wie Sie damit klarkommen.

*Na super!*

Ich verabschiede mich von meiner Familie mit den Worten, ich sei weg und es könne etwas später werden. Meine Frau ruft noch hinter mir her, dass sie für mich beten werde. Eine Aussage, die sie glücklicherweise beinahe immer macht, wenn sie weiß, dass ich im Einsatz bin. Mich entspannt das zwar nicht angesichts meines erhöhten Adrenalinpegels, aber es sorgt dafür, dass ich etwas zuversichtlicher den nächsten Schritt gehe. Es gibt mir damit auch die Sicherheit, der bevorstehenden Aufgabe gewachsen zu sein.

*Was war passiert?*[8] Ein Passagierschiff mit etwa 100 Fahrgästen und 30 Besatzungsmitgliedern an Bord hatte einen Pfeiler einer der Rheinbrücken gerammt und dadurch die Manövrierfähigkeit verloren. Es war folglich in Ufernähe auf Grund gelaufen. Durch die Strömung des Rheins wurde das Schiff nun seitwärts gedrückt und drohte zu sinken. Diese drei Sätze klingen sachlich, sie sind kurz, das Wesentliche steckt drin, ohne eine Wertung. Nicht enthalten sind aber das Leid und die Not der Passagiere und der Besatzung, sie lassen sich zu dem Zeitpunkt nur erahnen.

In der Leitstelle begann für mich die übliche Vorgehensweise: Informationen einholen, Zwischenbericht drucken, lesen und möglichst verstehen. Anschließend wurde die bereits von meinem Kollegen angelegte Lagekarte in den Stabsführungsraum übertragen. In eben diesem Raum, der nicht umsonst diesen etwas ungelenken Namen trägt, wird in den nächsten Stunden der Einsatz im Hintergrund begleitet.

Im Grunde ist es eine Art „Wettrennen", denn Ziel der Einsatzkräfte im Führungsraum ist es, die Kollegen an der Einsatzstelle draußen gedanklich und taktisch nicht nur einzuholen, sondern möglichst zu überholen. Ist das geschafft, befindet man sich – so nennen wir es – *vor der Lage*. Dann ist man wie in einem Schachspiel einen Zug voraus und kann dem Gegner (also dem Unglück) die Dramatik rauben.

Doch so weit waren wir noch nicht. Es galt zunächst ein sehr umfassendes Bild der Lage zu schaffen, die Anzahl der Verletzten zu ermitteln, um daraus den Bedarf an Kräften auf unserer Seite zu bestimmen.

Mit einem Großaufgebot der Feuerwehr, inklusive Löschboot und Wasserschutzpolizei, wurde als Nächstes überlegt, wie man möglichst schnell den Menschen helfen und die Lage stabilisieren könnte. Es kam auf jede Minute an, um die Gefahr für die Passagiere und Besatzungsmitglieder zu schmälern.

Wie sich gleich zu Beginn herausstellte, gab es mehr als zwei Dutzend Verletzte an Bord. Durch den Aufprall auf den Brückenpfeiler hatte es viele Passagiere förmlich umgehauen. Platzwunden, Frakturen oder auch „nur" seelische Belastungen in Form einer Panik waren die Folge. Sofort schossen mir Bilder durch den Kopf, die ich vom Spielfilmerfolg „Titanic" oder aus der Berichterstattung über das im Januar 2012 vor der Küste Italiens verunglückte Kreuzfahrtschiff „Costa Concordia"[9] kannte. Nur dieses Mal war ich aktiv beteiligt, also derjenige Teil der Rettungskräfte, der sich um diese Havarie kümmerte.

Bei mehr als zwei Dutzend Verletzten greift jede Berufsfeuerwehr auf externe Kräfte anderer Hilfsorganisationen zurück. Das taten auch wir. Dieses Zusammenspiel hatten wir in der Vergangenheit schon einige Male. Die Tatsache, dass wir die externen Kräfte am zweiten Weihnachtsabend zur Bewältigung dieses Einsatzes orderten, machte praktisch keinen Unterschied zwischen Werktag und Feiertag. Sehr schnell waren ausreichend viele kompetente Kolleginnen und Kollegen an Ort und Stelle, besetzten die entsprechenden Aufgabenbereiche und gaben ihr Bestes, damit den Menschen im havarierten Schiff geholfen werden konnte.

Um die Verletzten noch vor Ort erstzuversorgen, wurde ein sogenannter Behandlungsplatz eingerichtet. Wie gesagt: Weihnachten, abends. Wir orderten neben der notwendigen Anzahl an Ärzten und Rettungskräften auch die erforderliche Versorgung in Form von Decken, warmen Getränken, Beleuchtung sowie Busse der örtlichen Verkehrsbetriebe, damit darin die Geretteten später warm und trocken weiterversorgt werden konnten.

Das Besondere an Einsätzen dieser Größenordnung ist das Zusammenspiel zwischen den Einsatzkräften, ihrer Leitung vor Ort und den im Hintergrund tätigen Mitarbeitern, die genau wissen, was zu tun ist, wenn sie die richtigen und nötigen Informationen von „vorne", also von der Einsatzstelle, erhalten. Genau hier klemmt es manchmal aber. Insofern ist das Bild, das sich im Stabsführungsraum zusammensetzt, nicht zwangsläufig zu jeder Zeit genau das gleiche, das der Realität entspricht. Allein der zeitliche Versatz zwischen einer Meldung von „vorne" und einer Reaktion von „hinten" kann dafür sorgen, dass beide Lagebilder etwas voneinander abweichen. Ziel ist es also immer, diese Unterschiede möglichst gering zu halten, sodass „vorne" und „hinten" optimal reagieren können.

Manchmal erinnert mich diese Unklarheit an mein Leben und meine Gespräche mit Gott. Ohne ihm mein Problem genau zu erklären, erwarte ich möglichst rasch und äußerst umfassend Hilfe. Auch wenn man mit Sicherheit sagen kann, dass Gott schließlich alles sieht – ja mehr noch –, sogar um alles weiß, reicht das doch nicht aus, ihm ein *Hilf mir!* zuzuschleudern in der hektischen Hoffnung, dass er sofort in den Handlungsmodus verfällt.

Die Bibel erzählt eine Begebenheit, in der ein blinder Mann (in seiner Not, nicht sehen zu können) irgendwie davon erfährt, dass Jesus ausgerechnet an ihm vorbeikommen wird (Lukas 18,35 ff.). Er sieht darin seine Chance. Vielleicht ist das eine Gelegenheit, von seiner Erblindung geheilt zu werden. Schließlich, so hat der blinde Mann gehört, habe Jesus schon ganz andere Sachen gemacht. Und er weiß: Seine einzige Möglichkeit ist es, so laut es geht zu rufen und irgendwie auf sich aufmerksam zu machen.

Doch die Menschen um ihn herum fühlen sich von seinem Geschrei genervt, sie wollen ihn sogar zum Schweigen bringen. Bis zu dem Moment, als Jesus plötzlich in der Nähe des Blinden stehen bleibt und den Schreihals zu sich bittet. Der Mann folgt dem Klang der Worte von Jesus und baut sich vor ihm auf – ohne ihn zu sehen. Die Frage, die er anschließend hört, macht ihn vermutlich einen Moment lang fassungslos. Da fragt Jesus allen Ernstes, was denn sein Problem sei und was er nun tun soll. („Ja, was wohl?", hätte ich gedacht.)

„Ich bin leider blind. Es wäre gut, wenn du das irgendwie regeln könntest!"

Die besondere Lektion für mich an dieser Geschichte ist, dass Jesus hören möchte, was das Problem ist. Er möchte, dass ich es ausspreche. Und darin steckt vielleicht die größte Herausforderung vieler Menschen – mit Gott echt mal Klartext zu reden.

Der Blinde beschrieb sein Problem umfassend. Das war der erste und zugleich wichtigste Schritt in Richtung Hilfe. Hätte er nicht laut gerufen, sein Problem nicht exakt beschrieben, säße er vermutlich immer noch dort, blind und bettelnd.

Unmissverständliche Informationen sind die Grundlage für den Einsatzerfolg. Keine Abkürzungen. Keine Verniedlichungen. Es geht um Fakten, Ziele, Maßnahmen. Mit ihrer Hilfe konnten wir auch an diesem späten Weihnachtsabend dafür sorgen, dass alle rund 130 Personen vom Schiff gerettet wurden. Und später sorgten bereitgestellte Busse der Reederei dafür, dass die Gäste ihre Reise fortsetzen konnten – wenn auch deutlich anders als geplant.

Nach Mitternacht war auch ich wieder daheim. Weihnachten war in der Zwischenzeit vorbei. Aber das Gefühl, etwas Gutes getan zu haben und den Menschen, die havariert waren, wieder eine Perspektive zu geben, ist besser und hält länger als die Erinnerung an einen langweiligen Fernsehabend zum Ausklang der Festtage.

# 20.
# Was wir alleine nicht schaffen

*Was wir alleine nicht schaffen, das schaffen wir dann zusammen*", singt Xavier Naidoo in seinem gleichnamigen Song. Eine Liedzeile, die mich jedes Mal irgendwie an meine, beziehungsweise unsere, Aufgaben bei der Feuerwehr erinnert. Hier gibt es keine Einzelkämpfer, mehr noch, es darf keine Einzelkämpfer geben, weil der Einsatzerfolg stets eine Leistung aller ist und nicht auf der Wirksamkeit eines Einzelnen beruht.

Doch wie bei so vielem im Leben kann es auch hier ein „Aber" geben. Dieses entspringt nicht der Idee, es unbedingt alleine schaffen zu wollen. Dieses „Aber" ist jedoch der Nährboden für einen Einsatzstellenegoismus, der das Nachfordern weiterer Kräfte manchmal erschwert.

Zur Erinnerung: Der Bürger ruft an und meldet ein Problem. Aus diesem formulieren die Mitarbeiter der Leitstelle ein Einsatzstichwort, mit dem sie den unterstützenden Einsatzleitrechner füttern und zum Arbeiten anregen. Heraus kommt eine berechnete Taktik und ein vermuteter Kräfteeinsatz, der durch die Leitstelle als Alarmierung in die Wache geht. Die Folge: Reihenweise piepen die Meldeempfänger, Lautsprecherdurchsagen durchbrechen die Stille und mit ordentlich Tempo rückt eine Anzahl an Einsatzkräften aus, die das vom Bürger gemeldete Problem beseitigen oder zumindest eindämmen soll. Die Anzahl der ausrückenden Fahrzeuge ist je nach Einsatz unterschiedlich, schließlich ist jede Einsatzlage unterschiedlich groß.

*Wohnungsbrand* als Einsatzstichwort löst eine mittelgroße Kette von Alarmierungen aus. Löschfahrzeuge, Kräfte des Rettungsdienstes, Drehleiter- und Führungsfahrzeuge machen sich auf den Weg. Mit einer solchen Stärke an Einsatzkräften, -fahrzeugen und -geräten lässt sich schon was ausrichten. Unterwegs wird möglicherweise noch die Reihenfolge der Fahrzeuge geändert, falls so etwas für den Einsatzerfolg von Nutzen ist. Muss die Leiter nach vorne? Oder doch besser das Löschfahrzeug?

Die Meldung *Wohnungsbrand* war das Ergebnis des Leitstellenmitarbeiters, nachdem er alle Informationen des Anrufers quasi addiert und zusammengefasst hatte. Tatsächlich brannte es aber im Keller. Bewohner eines Mehrfamilienhauses hatten in den frühen Abendstunden Rauch im Treppenhaus festgestellt und das einzig Richtige getan – uns angerufen.

Bei der Ankunft an Einsatzstellen überschlagen sich die Informationen, die uns erreichen. Die Auskunft über noch zwei vermisste Personen setzt die Prioritäten sofort anders, denn die Menschenrettung geht vor. Sie steht ganz oben, vor allem anderen!

Kollegen machten sich sofort auf die Suche nach den beiden, die schnell gefunden und nach draußen gebracht wurden. Von da an kümmerte sich der Rettungsdienst um das weitere Wohlergehen der durch eine Rauchvergiftung leicht verletzten Personen.

Nach der Menschenrettung läuft die Brandbekämpfung auf Hochtouren, sofern sie nicht sogar zeitgleich gestartet wurde. In unserem Fall war der Brandherd recht schnell im Keller lokalisiert worden. Allerdings gab es eine Besonderheit. Wieder eine Information, die für uns von Interesse war: Anwohner hatten mehrfach kleine Explosionen gehört. „Oha!“, denke ich, das waren sicher die üblichen Lackspraydosen, die sich im Feuer verabschiedet hatten. Solche Kellerutensilien erschweren den Einsatz mitunter. Folglich gehen die Kollegen, die sowieso schon mit Herzklopfen und dem nötigen Respekt unterwegs sind, mit noch mehr Vor- und Weitsicht in die untere Etage zu schicken. In diesem Fall war der Keller sehr verwinkelt. Altbau eben. Die geschlossene Häuserreihe besaß sogar noch Kellerdurchbrüche aus Tagen des Krieges. Alles irgendwie unübersichtlich. Und nur um es im wahrsten Sinne des Wortes vor Augen zu führen: Ein Kellerbrand bedeutet, man sieht nichts. Nur tastend und kriechend geht es dann Stück für Stück vorwärts. Der Eigenschutz befindet sich auf dem Rücken in Form eines Atemschutzgerätes, gefüllt mit frischer und kühler Atemluft für etwa 30 Minuten. Und um wieder herauszufinden, orientieren wir uns an der Schlauchleitung – denn diese führt auf jeden Fall wieder ins Freie. Eine wirklich brandgefährliche Situation, die sich ein Laie nur schwer vorstellen kann, denn Kellerbrände sind meist sehr heiß, enorm eng und noch mal zusammengefasst: Sie machen keinen Spaß!

Ich befand mich währenddessen draußen und versuchte, den Überblick über die Lage zu behalten. Der Rauch kennt bei einem Brand keine Schranken; er sucht sich seinen Weg nach draußen. In unserem Fall drangen irgendwann die ersten großen Rauchschwaden aus dem Kellerabgang im Hinterhof ins Freie. Dieser Kellerabgang war blöderweise architektonisch in einer Gebäudeecke angelegt, sodass dort quasi die Keller zweier über Eck stehender Häuser zugänglich waren. Mein Problem war schnell erkannt: Dichter, sehr schwarzer Rauch drang aus dem Kellerabgang in die hintere Häuserecke und suchte sich von dort den Weg nicht nur ins Freie, sondern leider auch in die darüberliegenden Etagen. Und es war Sommer. Viele Fenster standen auf kipp. Sehr schlecht, wenn es so bestialisch raucht. Die Fenster mussten so schnell wie möglich geschlossen und mögliche Bewohner des Nachbarhauses gewarnt und gerettet werden. Denn niemand weiß, ob nicht vielleicht in einem der Räume jemand schläft, vielleicht sogar ein Baby.

Während die Kollegen alle Hände voll damit zu tun hatten, das Feuer zu suchen und zu löschen und dabei gleichzeitig versuchten, die Bewohner der Häuser (zwischenzeitlich sprachen wir über zwei Mehrfamilienhäuser) ins Freie zu befördern (oder zumindest jedoch die Fenster zu schließen), keimte in mir der Verdacht auf, dass *wir es alleine nicht schaffen* werden, die Situation zu bewältigen. Womit wir bei der Liedzeile von Xavier Naidoo sind.

*Was wir alleine nicht schaffen, das schaffen wir dann zusammen.* Ich stehe also vor der Entscheidung, ob ich noch weitere Kräfte nachfordere, um wieder Herr der Lage zu werden. Doch bis die eintreffen, verstreichen auch wieder wertvolle Minuten. Vielleicht schaffe ich es in der Zeit ja auch ohne weitere Unterstützung ... oder doch nicht?

Solches Abwägen erinnert mich an andere Lebenssituationen. Soll ich in meiner Not nun Hilfe holen oder nicht? Eine Frage, die sich gerade Männer oft stellen, aber meist verneinen. Ich weiß das aus eigener Erfahrung. Weil wir Männer natürlich keine Hilfe brauchen, weil wir ja meinen, alles im Griff und zu jeder Zeit den Überblick zu haben. Oder eben auch nicht ...

Kennen Sie das? Ob nun als Mann oder Frau. Vielleicht sind Sie auch in einer Situation gescheitert und haben kurz überlegt, ob fremde Hilfe jetzt das Mittel der Wahl sei, doch Sie haben sich entschlossen, lieber weiter herumzuwurschteln, und zwar aus nur einem

Grund: Sie wollten vermeiden, dass andere in dem Hilferuf Ihre Schwäche sehen.

In diesem Buch schildere ich Tätigkeiten der Feuerwehr, Erlebnisse aus meiner beruflichen Lebenswirklichkeit, und ich erzähle Ihnen, wie sie mein Leben mit Gott berührt und geprägt haben. Das Buch verbindet dabei Gedanken aus beiden Bereichen. Und als ein Mensch, der sein Leben mit einer christlichen Wertebasis führt, als jemand, der bewusst und sehenden Auges eine Entscheidung für die beste fremde Hilfe getroffen hat, die es überhaupt gibt (Gott selbst), empfehle ich Ihnen als Leser dieses Buches, diesen Helfer um Rat und Korrektur zu bitten. Gott in Form seines Sohnes Jesus Christus war derjenige, der sich in die Lücke begab, die zwischen Mensch und Gott, zwischen meinem völlig irren „Jetzt helfe ich mir selbst"-Gedanken und der Realität meines sehr engen und begrenzten Lebens klaffte. Er hat dafür gesorgt, dass ich, ohne einen Finger zu krümmen, dem liebenden und fürsorgenden Gott der Bibel auf Augenhöhe begegnen kann. Wie hat er das gemacht? Gott hat seinen Sohn, Jesus Christus, als Rettungskraft, als Retter, auf diese Welt geschickt, damit ich in schwierigen Lebenssituationen und ganz grundsätzlich für mein Leben Frieden und Ruhe finde. Denn seine Rettung ist von allerhöchstem Niveau.

Ich habe diese Hilfe 1992 angefordert, damals in meiner Single-Wohnung. Mein Notruf war ein Hilfeersuchen in Form eines Gebetes. Kurz, persönlich und leider ganz ohne spürbare Engelschöre. Aber ich sagte ihm einfach: „Ich brauche dich und es tut mir leid, dass mir das erst jetzt klar geworden ist. Doch ohne dich, Jesus, bin ich absolut verloren!"

Dieser kleine Einschub war mir wichtig loszuwerden. Ehrlich gesagt, es geht in diesem Text weder um die Feuerwehr noch um mich; es geht vielmehr um Sie! Sie müssen irgendwann in Ihrem Leben eine Entscheidung treffen, ob Sie weiter so unterwegs sein wollen wie bisher oder Hilfe anfordern wollen. Verstärkung sozusagen – so wie ich sie damals anforderte, als mir die Rauchmenge, die gekippten Fenster, einfach die ganze Einsatzsituation zu dramatisch wurde, als dass ich sie mit meinen Ressourcen hätte abwickeln können. Also nahm ich mein Funkgerät und forderte einen weiteren kompletten Löschzug an. Also noch mal drei Fahrzeuge mit zehn Einsatzkräften. Und ja, zugegeben: Die Minuten bis zum Eintreffen der Hilfe können einem endlos erscheinen. Und wissen Sie was? Nach einem Gebet verhält es sich mit dem Warten auf Gott manchmal nicht viel anders.

Als die Kollegen schließlich eintrafen und vor dem Haus aus ihren Fahrzeugen stiegen, hatte sich die Gesamtlage bereits etwas entspannt. Die Kollegen im Keller waren endlich fündig geworden und konnten den Brand unter Kontrolle bringen – und dennoch: Es tat gut zu sehen, wie weitere voll engagierte und zu allen Hilfstaten bereite Profis „meiner" Feuerwehr an der Einsatzstelle ankamen und mich fragten, wo sie was und wie tun könnten, um zur Bewältigung der Lage beizutragen.

Glauben Sie mir: Das sind Momente, in denen ich als Feuerwehrmann vor Stolz und Dankbarkeit beinahe platze. Es sind die *„Was wir alleine nicht schaffen, das schaffen wir dann zusammen"*-Augenblicke, die mir ein ums andere Mal zwei Dinge sehr deutlich vor Augen führen:

Zum einen bin ich extrem froh, den Beruf des Feuerwehrmanns gelernt zu haben: anderen zu helfen, Notsituationen zu lindern und

Menschenleben zu retten. Und es macht mir Freude, mich dann hundertprozentig zu investieren und zu wissen, dass meine Kollegen das genauso sehen!
Zum anderen lehrt mich dieser Beruf eine besondere Form der Demut. Denn das Leid anderer dient nicht dem Voyeurismus, sondern treibt mich an zu helfen. Zugleich erlebe ich in meinem Glauben, wie Gott sich persönlich in Jesus Christus für mich verschwendet, wie er sich für mich jeden Tag, rund um die Uhr, Mühe gibt und sich abrackert. Ich bin wirklich dankbar für alles – das tägliche Brot, die Vergebung, mein Leben –, was Jesus mir schenkt. Speziell für die Vergebung über all die Momente und Situationen, in denen ich vergesse, was er für mich getan hat und ich aufs Neue versuche, ohne Hilfe, ohne die Nachforderung weiterer Kräfte klarzukommen.

# Ein Wort zum Schluss

*„Gott zur Ehr', dem Nächsten zur Wehr."*

Dieser Leitspruch war und ist Antrieb und Anspruch der Feuerwehr bis zum heutigen Tag. Leider geht in der Hitze des Feuerwehralltags der Gottesbezug etwas verloren. Was wäre aber, wenn sich alle Feuerwehrkolleginnen und -kollegen auf diese Ausrichtung besännen? Wenn wir den Dienst beispielsweise mit einem kurzen Gebet starten würden? Zugegeben, einerseits kann das mitunter etwas arg naiv wirken, andererseits wäre es Ausdruck einer gelebten Überzeugung.

Als Christ glaube ich daran: Ohne Gebet, ohne Gott läuft in meinem Leben nichts. Natürlich gibt es Momente und Lebensphasen, in denen man mir diese christliche Grundüberzeugung nicht ansieht oder meinen Worten nicht abspürt. Mich selbst schmerzt das dann am meisten. Doch in den mehr als 25 Jahren meiner Tätigkeit bei der Feuerwehr boten sich glücklicherweise immer wieder Gelegenheiten, über meinen Glauben zu reden – entweder um auf diese Weise zum Lacher des Tages zu werden oder den einen oder anderen zum Nachdenken über das eigene Leben zu bewegen.

Mir kommt dabei wohl die große Klappe, die mir in die Wiege gelegt wurde, zugute. Schon oft hat sie mir im Leben geholfen; sie wurde mir aber auch schon zum Fallstrick. Fest steht: Ich trete gern für Überzeugungen ein und stehe offen und ehrlich zu meiner Meinung, egal ob mein Umfeld diese nun interessiert oder nicht. Daher liegt es mir am Herzen zu sagen, dass ich all diese Geschichten nicht aufgeschrieben habe, um anzugeben oder mich zu produzieren.

Natürlich verarbeitet man das Erlebte noch einmal, wenn man all das aufschreibt. Das tut gut und ließ mich hier und da dankbar werden.

Der eigentliche Grund, dieses Buch zu schreiben, war der, dass ich etwas Einblick geben wollte hinter die Kulissen einer großen Feuerwehr. Wie vielfältig der Dienst ist, mit welchen Herausforderungen wir zu kämpfen haben, wie uns zunehmend Respektlosigkeit an Einsatzorten begegnet und dass ich ganz persönlich in meiner Funktion als Rettungskraft immer dankbar bin, dass da noch jemand Größeres ist, der Rettungsgassen auftut und dem zur Ehre ich meinen Dienst gerne verrichte. Den eingangs erwähnten Leitspruch der Feuerwehr, dass ich mich für den Nächsten einsetzte und Gott dadurch ehre, ist mir im wahrsten Sinne ein Herzensanliegen. Ein Credo, ja, ein Glaubensbekenntnis, mit dem ich weiter meinen Dienst verrichten möchte.

Vielen Feuerwehren, ob nun freiwilliger Feuerwehr oder Berufsfeuerwehr mangelt es an Nachwuchskräften. Nach meinem bisherigen Berufsleben ziehe ich eine positive Bilanz. Aus meiner Sicht gibt es keinen besseren Beruf auf diesem Planeten, der so lebensbejahend und zugleich im positiven Sinne kämpferisch und kameradschaftlich ist wie der des Feuerwehrmanns (die Kolleginnen natürlich eingeschlossen). Damals bin ich zufällig zu diesem Beruf gekommen. Könnte ich heute noch einmal als junger Kerl starten und einen Beruf ergreifen: Ich würde mir die Feuerwehr aussuchen. Dieses Mal nur sehr viel gezielter.

# Dank

Jeder kennt sie und viele besitzen eine eigene. Die Rede ist von der sogenannten „Löffelliste", der gedanklichen Aufzählung all der Dinge, Wünsche und Sehnsüchte, die möglichst in Erfüllung gehen sollten, ehe man eines Tages „den Löffel abgibt".

Auch ich führe eine solche – nicht als To-do-Liste, die mich besonders beschäftigt oder der ich mich krampfhaft unterwerfe –, um eines Tages Dinge zu tun, die ich immer schon einmal tun wollte. Ein Buch zu schreiben, stand auch darauf. Diesen Punkt darf ich jetzt abhaken. Und dafür bin ich sehr dankbar.

Allen voran möchte ich meiner Familie danken, meiner Frau und meinen vier Kindern. Sie haben mich während der Zeit des Schreibens unterstützt und erduldet, vor allem haben sie sich meine sich wiederholenden Erzählungen angehört und mir dabei geholfen, Worte und Gedanken zu diesem Buch beizutragen.

Ich danke auch meinen Freunden und den Menschen aus meiner Gemeinde, die von diesem Projekt wussten und mich im Gebet begleitet haben, damit am Ende ein Buch entsteht, das Sie als Leser nicht nur informiert, sondern vielleicht sogar inspiriert.

Besonders danken möchte ich dem Verlag Gerth Medien für die Möglichkeit, dieses Buch zu schreiben, und meinem Lektor und guten Freund Stefan Rüth. Er hat mich überhaupt erst zu diesem Buch ermutigt, hat mit viel Fingerspitzengefühl und kluger Wortwahl meine Texte bearbeitet und ihnen einen Schliff gegeben, ohne die Geschichten zu „ent-Helmrich-en“.

Mein größter Dank gilt schließlich meinem Gott. Mit einem Vers aus der Bibel möchte ich zum Ende Ihr Augenmerk auf diesen wunderbaren Gott lenken, der persönlich erfahrbar ist, der mir nahe ist und mich dadurch weiter verändern will.

„Denn von ihm und durch ihn und zu ihm sind alle Dinge.
Ihm sei Ehre in Ewigkeit!
Amen.“
Römer 12,36

# Anmerkungen

1 https://www.rbb24.de/panorama/beitrag/2018/06/fehlende-rettungsgasse-a24-retter-laufen.html
2 https://www.laar-am-rhein.de/news/2001/
3 https://de.wikipedia.org/wiki/Wohnpark_Hochheide
4 https://www.bild.de/news/inland/news-inland/gewalt-gegen-rettungskraefte-diese-brandrede-muessen-sie-lesen-57335568.bild.html
5 Wenn Sie mal sehen wollen, wie stark ein Feuer infolge eines Weihnachtsbaumbrandes innerhalb von zehn Minuten wütet, dann schauen Sie sich doch mal dieses Video des „Instituts zur Schadenverhütung der öffentlichen Versicherer e.V." an: https://www.youtube.com/watch?v=pZBzPAHrMmQ
6 http://www.spiegel.de/panorama/wochen-auf-der-flucht-hochgiftige-kobra-in-muelheim-gefunden-a-687952.html)
7 https://www.express.de/news/kobra-von-muelheim-soviel-wirbel-um-dieses-mini-tier-18054546
8 https://www.waz.de/staedte/duisburg/kapitaen-steht-noch-unter-schock-ursache-fuer-unglueck-in-duisburg-ist-unklar-id212954445.html
9 https://de.wikipedia.org/wiki/Costa_Concordia#Havarie_2012

Alle Internetquellen wurden zuletzt abgerufen am 20.10.2018.

1. Auflage 2019
Bestell-Nr. 817523
ISBN: 978-3-95734-523-3

Fotos: Jan-Michel Casimir, *jmcasimir.de*
Umschlaggestaltung: Mareike Schaaf
Satzlayout und Herstellung: Immanuel Grapentin
Satz: Apel Verlagsservice, Bad Fallingbostel
Druck und Verarbeitung: GGP Media GmbH, Pößneck
Printed in Germany

www.gerth.de